「菜根譚」が教えてくれた

一度きりの人生をまっとうするコツ100

段文凝

JN235985

はじめに

こんにちは、段《だん》 文凝《ぶんぎょう》です。2014年3月に早稲田大学大学院を卒業したばかりの「新卒」で、現在は同大学で中国語教育コーディネーターとして働いているので、タレント業と「二足のわらじ」です。中国から日本に移り住んで早6年、苦労もいろいろありましたが、それを凌駕するほどたくさんの日本のいいものと出逢い続けています。おかえしに、私の祖国で生まれたとてもいいものをご紹介させてください。それは、中国最高傑作と名高い「菜根譚《さいこんたん》」という処世訓です。

日本では江戸時代にベストセラーになり、昭和30年代頃までよく読まれていたそうなのですがご存じでしたか？　ちょっと調べたところ、有名な日本のリーダーたちの座右の書だったそうです。「菜根譚」の後半には、人生の晩年に読みたい「引退後の心得」も充実していますが、そのほかの大部分は現役の若者こそ読むべき心得ばかり！　本書では全部で３６０条ほどある中から、私が特に心を動かされた１００条を抜粋しました。つまり「よりぬき菜根譚・バリバリ現役編」です。ちなみに私は80年代生まれです。

作者である洪自誠《こうじせい》は、内乱や紛争続きでグチャグチャに混乱していた明《みん》代の末期（16〜17世紀）に生き、エリート官僚として活躍していたのに政争に巻き込まれて引退したとされる人物です。そんな洪自誠が編纂した処世訓の数々はどれも詩のように美しく、ことわざのように味わい深く、そして驚きます。「５００年前も人の心の悩みはまったく変わらないのだな〜」と。

そして、料理本にも間違えられそうな「菜根譚」というタイトルについても触れなくてはなりませんね。「菜根」は、「堅い菜根をかみしめるように苦しい境遇に耐えれば、多くのことを成し遂げられる」という故事に由来しているそうなのですが、決してスパルタや根性論ではなく、全編から「長続きする本当の幸福とは、決して派手な味わいではなく、野菜のように淡白なものである」というメッセージが読み取れます。そう、たとえるなら薄味でもダシがきいてしみじみおいしい和食のような…。だから日本のみなさんなら、「菜根譚」のすばらしさがすぐに理解できるはずです。ちなみに私は味の濃い料理が相変わらず好き。やっぱり中国人です（笑）。

心の中の〝MY君子〟が見つかります。

ところで、本書をぱらぱらっとめくると、「コンビニ」とか「ダイエット」とか「ケーキ」といった妙にカジュアルな単語が目にとまるでしょう。「古典なのにふざけて大丈夫!?」と心配になるかもしれませんが、私は大真面目です。中国では「深入浅出」（深い内容をやさしい言葉で）な文章が良い文章であるとされ、本当にその通りだと思うので、訳には現代の言葉を、解説には身近な例や経験談を用いるように心がけました。身近すぎてちょっと恥ずかしいですが…（笑）。

それでも「君子」という言葉はうまく訳せませんでした。私たち中国人は「こういう時はどうするのが君子的か」と考えるのですが、言い換えるなら〝心の中の自分なりの道徳の基準〟となるでしょう。日本で言う「紳士」や「武士」の使われ方に似ているといったら分かりやすいかもしれません。そして「菜根譚」では、「その考え方はまさに君子！　自信をもって！」とか、「その生き方は君子じゃない！」などといった感じに分かりやすく示してくれるので、次第に心の中の「MY君子」の輪郭がはっきりしてきます。なので、一通り読み終わったらぜひ右ページの書き下し文も読んでみてください。「君子」という言葉がたくさん見つかりますから。さて、前置きはここまでにして、苦しい時にある人も、人生絶好調な人も、まずはまっさらな気持ちで楽しんでください！

最後に。私の夢は、日本と中国の架け橋になることです。だから、日本に暮らす中国人の視点で、日本の出版社から〝中国のいいもの〟をご紹介できたことを本当にうれしく思っているのです。どうか、「菜根譚」が大好きな日本のみなさんの人生の役に立ってくれますように。加油！　そして謝謝♥

2015年4月　　　段 文凝

目次

第二章　逆境をチャンスに変える知恵

第三章　これで万全！　セルフコントロール術

第四章 コミュニケーションの極意とは

特別付録　オオモノかコモノかチェックできる君子・小人テスト

本書記載の書き下し文、および段数は、「菜根譚」（講談社学術文庫）を参照しました。

その他参考文献

・「菜根譚」（岩波文庫）
・「100分de名著 洪自誠 菜根譚」（NHK出版）
・中国版「菜根譚」（岳麓書社）

第一章

調子がいい時こそ、自らを戒めて

1

最後に勝つのは…。

道徳に棲守《せいしゅ》するものは、一時《いちじ》に寂寞《せきばく》たるも、
権勢に依阿《いあ》するものは、万古に凄涼《せいりょう》たり。
達人は物外《ぶつがい》の物を観じ、身後の身を思う。
寧《むし》ろ一時の寂寞を受くるも、
万古の凄涼を取ることなかれ。

（前集1）

政治や経済の世界をみても、あるいは職場を見渡しても、大きなものにすりよる調子のいい人に限って、たとえスルスルッと出世できても何かのきっかけで簡単に失脚するうえ、不名誉だけがずっと残ります。ガンジーも「最後には真実と愛が勝ってきた」と言っていますが、ながい目で見ると正しい生き方を貫いた人の勝ち！**【正しい生き方のせいで不遇な目に遭っても、それは一時的なもの。その点、権力にすりよってへつらう生き方は、一時的には栄えたとしても不名誉は死んだ後も続いてしまう。だから、不遇な目に遭っても生き方を変えてはいけない】**。このように、自分がいなくなった後の評判を重くとらえる表現は中国ならではかもしれませんが、私はとても好きな考え方です。

2

心まで環境に染まらない。

軒冕《けんべん》の中に居りては、
山林の気味無《な》かるべからず。
林泉《りんせん》の下《もと》に処《お》りては、
すべからく廊廟《ろうびょう》の経綸《けいりん》を
懐《いだ》くことを要すべし。

（前集27）

「軒」はお金持ちの乗り物で「冕」はかんむり。「軒冕」で、高位高官、お金持ちを意味します。**【あなたがどんなにお金持ちでも、心だけは山中で慎ましく暮らす隠者のようであれ。逆に、どんなに慎ましく暮らしていても、心だけは天下を治める為政者のようであれ】**。リッチな環境に心までどっぷり浸かっては人格が卑俗になるし、逆に、隠居生活に心まで染まっては愚かな世捨て人になってしまう。どんなに居心地よく暮らしていたとしても、心だけは、今の環境とは対極を行き来すべきだと言っています。私は今、大好きな日本で暮らしていますが、祖国である中国のことをつねに考えるようにしています。日本に暮らす中国人としてどう振る舞うべきか、何を選択すべきかが自然と導かれ、心のバランスも整うからです。

3
にせエリートの条件。

書を読みて聖賢《せいけん》を見ざれば、
鉛槧《えんざん》の傭《よう》たり。
官に居《お》りて子民《しみん》を愛せざれば、
衣冠《いかん》の盗《とう》たり。
学を講じて躬行《きゅうこう》を尚《とうと》ばざれば、
口頭の禅たり。
業を立てて種徳《しゅとく》を思わざれば、
眼前の花たり。

（前集57）

【立派な本も読むだけではただの読書中毒。人民を愛さない役人はただの給料泥棒。学問を講じても何もしないなら頭でっかちの口先人間。自己の利益ばかりを追求するビジネスはまるで花】。大学という環境に身を置く私には厳しくもありがたい言葉！　特に興味深いのが最後の一節です。ここで言う「花」とは、ひと晩だけ咲く月下美人という美しい花のこと。命に限りがある儚《はかな》いものごとを指し、つまり、世の中によい影響を与えない意識の低いビジネスはいつか枯れてしまうという警告です。ながく繁栄するものと消えいくものの差がこの一文に凝縮されています。「CSR」（企業の社会的責任）の精神がこんなに昔からあったことにも驚きました。

4

一流が一流に見せない理由。

真廉《しんれん》には廉名なし。
大巧《だいこう》は巧術《こうじゅつ》なし。
名を立つるは、正に貪《どん》となす所以《ゆえん》なり。
術を用うるは、すなわち拙《せつ》となす所以なり。

（前集63）

中国でもFacebookやTwitterのようなSNSが盛んですが、ラブレターやプレゼントの証拠写真つきで、どれだけ恋人に愛されているかを長々と書き込むやりすぎな幸せアピールが多い！　それを見て〝幸せに自信がないのかな〟と心配になるのはひがみではありません（笑）。**【本当に心の清い人はそれについて評判さえ立たない。本当に腕の優れた人はその技をわざわざ見せない】**とあるように、一流の人はすでに満足しているから人に認められなくても平気なのです。ということは、評判を欲したり腕を見せつけるのは一流でないと自ら言っているのに等しいのかも。日本語では「秘すれば花なり、秘せずば花なるべからず」ですね。SNSでやりすぎアピールをしている人たちも、ぜひこの精神を…なんて。

5

今に感謝する。

祖宗《そそう》の徳沢《とくたく》を問わば、
吾《わ》が身の享《う》くる所の者これなり。
まさにその積累《せきるい》の難《かた》きを念《おも》うべし。
子孫の福祉を問わば、
吾が身の貽《のこ》す所の者これなり。
その傾覆《けいふく》の易《やす》きを思わんことを要す。

（前集95）

【先祖が残してくれた恩恵とは、今の自分が受けている恩恵であり、それは積み重ねていくことがとても難しい。子孫に残そうとする幸福とは、今の自分に残そうとしている幸福であり、それはとても傾きやすいということを知るべき】。過去から未来へ続く流れの中にぽつんとある今の自分。その命はあって当たり前のものではなく、だから代え難くて有り難い。今がどんなに好調でも、逆に、どんなに苦しくても、今の命に対して謙虚に感謝すれば自然と精気がみなぎり、この瞬間をしっかり生き抜こうという勇気が出てきます。

6

チャリティは誰のため？

富貴《ふうき》の叢中《そうちゅう》に生長せるところのものは、
嗜欲《しよく》は猛火の如《ごと》く、権勢は烈焰《れつえん》に似たり。
もし些《いささ》かの清冷《せいれい》の気味を帯《お》びざれば、
その火焰《かえん》は、人を焚《や》くに至るにあらざれば、
必ず将《まさ》に自ら爍《や》かんとす。

（前集101）

お金が儲かって仕方がない方がいたらぜひ心に留めてほしい、お金の恐ろしさについての警告です。**【お金持ちは炎のような欲望や執着を持ちやすく、その炎を冷まそうとしなければ、いずれ他人か自分を焼き尽くす】**。お金にまつわる悲惨な事例は世界中にありますから、お金への執着心は相当な覚悟でコントロールする必要があるようです。その一方で、慈善事業に勤しむ心豊かな資産家もいますね。何かと話題になるセレブのチャリティ活動も、もしかしたらセレブがセレブ自身を焼き尽くさないための心の鍛錬なのかも。これればかりは自分がセレブになってみないと確かめられませんが！

7

お楽しみは腹五分で。

爽口《そうこう》の味《あじわい》は、皆爛腸腐骨《らんちょうふこつ》の薬なるも、
五分《ごぶ》ならばすなわち殃《わざわい》無し。
快心《かいしん》の事は、悉《ことごと》く敗身喪徳《はいしんそうとく》の媒《なかだち》なるも、
五分ならばすなわち悔ゆること無し。

（前集105）

現代風に訳すなら**【グルメやスイーツもいいけれど、食べ過ぎると肥満や生活習慣病に。パーティやショッピングもいいけれど、ハマりすぎると財産を失いかねない。だから50％程度で満足できる心を養いなさい】**といった感じでしょうか。お楽しみが過ぎて痛い目を見るのは昔も今も変わらないようです。もちろん私も経験あり！会食が続いて毎晩ごちそうを食べていた時期のこと。食べ過ぎないよう気をつけていたのに、ついに大きな口内炎が…。日本では〝腹八分目〟を理想としますが、〝五分〟を目指してうっかり越えてしまったぐらいが〝八分目〟くらいなのかもしれないと、痛みに苦しみながら気づきました。それほどお楽しみというものは自制が難しい。ちょっと厳しめの〝五分〟を目指してちょうどよさそうです。

8

一度きりの人生をまっとうするコツ。

天地は万古《ばんこ》有るも、この身は
再びは得られず。人生はただ百年なるのみ、
この日最も過《す》ごし易《やす》し。
幸《さいわい》にその間《かん》に生まるる者は、
有生《ゆうせい》の楽しみを知らざるべからず、
また虚生《きょせい》の憂いを懐《いだ》かざるべからず。

（前集108）

【天と地は永遠のものだが、人の人生は一回だけ。長生きしてもせいぜい100年程度なのに、月日はどんどん過ぎてしまう。だからせっかくの人生の楽しみを知らなければならない。そして、〝人生が虚しく過ぎたらどうしよう〟と憂う心も持たなければならない】。

人生は一度きりしかありません。どんなに楽しく順調にいっていても、「このまま行って大丈夫かな？」と時折、見つめ直すこと。

9

凋落の原因はたった今作られている。

老来《ろうらい》の疾病《しっぺい》は、
すべてこれ壮時《そうじ》に招くところのものなり。
衰後《すいご》の罪孽《ざいげつ》は、
すべてこれ盛時《せいじ》に作れるところのものなり。
故に、盈《えい》を持《たも》ち満を履《ふ》むには、
君子もっとも兢々《きょうきょう》たり。

（前集110）

【老いてからの病気は、若い時の不摂生のせい。下り坂になってからのわざわいは、羽振りのいい時に買った怨みのせい。だから、好調な時こそ自分の言動に慎重であるべきだ】。コツコツ備えたアリが悠々と生き延びて、キリギリスが悲惨な冬を迎えたように、好調な時に最悪の事態を考えられる人と考えられない人とでは、将来は天地の差です。この法則は、一人の人間の人生にもあてはまるし、企業にもあてはまる。そして国にも！　しばらく好景気が続く中国にもぜひ知ってほしいと思いました…。

10

ねたみの力を甘く見ない。

爵位《しゃくい》は宜《よろ》しくはなはだしくは
盛んにすべからず。
はなはだ盛んにすればすなわち危うし。
能事《のうじ》は宜しく尽《ことごと》くは畢《お》うべからず。
尽《ことごと》く畢《お》うればすなわち衰《おとろ》う。
行誼《こうぎ》は宜しく過《はなはだ》しくは高《こう》なるべからず。
過しく高なれば、すなわち謗興《ぼうおこ》り毀来《きき》たる。

（前集138）

【地位は高すぎないほうがいい。極めすぎるとねたまれて身が危険になるから。才能は出し尽くさないほうがいい。出し尽くすと才能が枯れてしまうから。正しい行いはこれ見よがしにしないほうがよい。尊大にしすぎるとそしられるから】。「槍打出頭鳥」（頭を出した鳥は撃たれる）という中国のことわざにもあるように、優秀がゆえに足を引っ張られる事例は今も昔も後を絶ちません。ねたみの力を決して軽く見てはいけないのです。特に「行誼」（善いことや正しいこと）は、ついついこれ見よがしになってしまうもの。力を振りかざさない控えめさも求められるのです。

困った自分をイメージする。

11

富貴《ふうき》の地に処《お》りては、
貧賤《ひんせん》の痛癢《つうよう》を知らんことを要し、
少壮《しょうそう》の時に当《あた》りては、
すべからく衰老《すいろう》の辛酸を念《おも》うべし。

（前集185）

【お金のある時には貧しい人の、体力のある時には年老いた人の気持ちを想像しなさい】。辛い時には成功した姿をイメージできる想像力が大事と言われますが、その逆もじつは同じくらい大事。一生続く健康や幸運はありませんから、できるだけ早いうちからピンチやリスクを予想する。浮ついた心を抑えてくれる効果もあります。

インスタントな成功にご注意を。

12

磨礪《まれい》はまさに百煉《ひゃくれん》の金《きん》の如《ごと》くすべし。
急就《きゅうしゅう》せば邃養《すいよう》に非《あら》ず。
施為《しい》は宜《よろ》しく千鈞《せんきん》の弩《ど》の似《ごと》くすべし。
軽発《けいはつ》せば宏功《こうこう》無し。

(前集189)

【自分を鍛える時は、金属を錬り鍛えるようにじっくりと。事業を興す時は強い石弓（千鈞の弩）を放つ時のように慎重に】。時間をかけずに鍛えた金属はもろいし、軽い力で引ける弓に大した威力はありません。一朝一夕にインスタントに都合よく得られるものに本物はなく、大きな事を成し遂げたいのならば、そのスケールにふさわしい力量が求められるという厳しい現実を示唆しています。だからもし、あなたがまだ若くして人生好調なら、厳しいようですがラッキーが重なっているだけかもしれません。合い言葉は1つ、「自分、まだまだ！」です。

13

ほめ言葉にご用心。

讒夫毀士《ざんぷきし》は、寸雲《すんうん》の日を蔽《おお》うが如《ごと》し。
久しからずして自《おの》ずから明らかなり。
媚子阿人《びしあじん》は、隙風《げきふう》の肌を侵《おか》すに似たり。
覚えずしてそれ損なう。

（前集193）

活躍しているあなたの周囲には、ねたみからひどい言葉を浴びせる人がいるかもしれませんが、深く気にとめる価値はありません。なぜなら…、**【悪口は所詮ちっぽけな雲。陽を遮るのがほんの一瞬であるように、堂々としていれば間もなく解決する。それより気をつけるべきは、こびへつらう取り巻き。耳に響きのいい言葉は、知らない間に健康を蝕む隙間風のようなもの】**。もし毎日一緒にいるマネージャーさんから「段ちゃん才能ある〜!」「段ちゃん世界一かわいい!」なんて言われ続けたら、私は自信過剰になって日々の努力を怠るでしょう。でも私のマネージャーさんは決して私をほめたりしない人。どうやら感謝しなくてはいけないようです(笑)。

ここぞというときは力を抜く！

14

鷹の立つや睡《ねむ》るが如《ごと》く、
虎の行くや病《や》むに似たり。
まさにこれ他《かれ》の人を攫《つか》み、
人を噬《か》む手段の処《ところ》なり。
故に君子は、聡明を露《あら》わさず、
才華は逞しくせざるを要す。
纔《わず》かに肩鴻任鉅《けんこうにんきょ》の力量《りきりょう》有り。

（前集198）

【木にとまった鷹は眠っているようで、のそのそ歩く虎は具合が悪いように見えるが、これぞまさに狩りの技。大事を成し遂げたいなら、賢さや才能を必要以上に振りかざさないこと】。もし鷹や虎が牙の鋭さや体の大きさを見せつけ、雄叫びを上げながら獲物に向かっていったら、狩りの効率はガタ落ちでしょう！　つまり、「オレってすごいんだぞ〜」と強さを見せつけると相手が用心して、その分だけ不利になってしまうのです。ここぞという人事な場面でこそ力を抜いて体力を温存しつつ、目だけ光らせておきましょう。そういえば武道の達人も、構えの間には余計な力は込めないものですね。

15

春は来るし、冬も来る。

払意《ふつい》を憂うることなかれ、
快心を喜ぶことなかれ。
久安《きゅうあん》を恃《たの》むことなかれ。
初難《しょなん》を憚《はばか》ることなかれ。

（前集200）

【思い通りにならなくても落ち込むな。思い通りになっても喜びすぎるな。平和だからといってあてにするな。壁にぶつかってもいつまでも怖がるな】。四季がうつりかわるように、今の状態が良くても悪くても永遠には続きません。不幸はチャンスの前触れかもしれないし、ラッキーも不幸の前兆かもしれない。逆境に遭っても「もう終わり」ではないし、どんなに順調にいっていても「これで良い」ということもありません。心にはいつも「人間万事塞翁が馬」です！

16

理性を信じないこと。

風斜めに雨急《きゅう》なる処《ところ》は、
脚を立て得て定めんことを要す。
花濃《こま》やかに柳艶《えん》なる処は、
眼を着け得て高《たか》からんことを要す。
路《みち》危うく径《こみち》険しき処は、
頭《こうべ》を回《めぐ》らし得て早《はや》からんことを要す。

（前集209）

男の人たちがはまりやすい3つの落とし穴についてです。1つ目。**【嵐の時は脚を大地にしっかりつけて立つこと】**。まさかとは思いますが、荒れ狂う嵐を見るために外にふらふら出ていく好奇心がない…とも言い切れないのでは？　2つ目。**【美しい花やあでやかな柳のある場所では、目を一段と高いところにすえて見ること】**。花や柳は女遊びのたとえで、たとえ草食系であっても色っぽ～い女の人を実際に目の前にしたらどうなるか分かりません。3つ目。**【危ない道は深入りしないうちに素早く引き返すこと】**。危ない道に深入りするなんてあり得ないと思いますか？　でも、「今やめなければもっと儲かるよ」「クリックしたら楽しいことが起きるよ」などと、巧妙に欲望をついてきます。理性の過信が一番アブナイ！

キャラを変えてみる。

17

節義《せつぎ》の人は、済《すく》うに和衷《わちゅう》を以てせば、
纔《わず》かに忿争《ふんそう》の路《みち》を啓《ひら》かず。
功名《こうめい》の士は、承《う》くるに謙徳《けんとく》を以てせば、
方《はじ》めて嫉妬の門を開かず。

（前集210）

【堅苦しい人は、争いごとを起こさないために人とうちとける協調の心を。偉い立場の人は、嫉妬やうらみを買わないように謙虚さを】。せっかく力があるのに人間関係に足をひっぱられている人は、それまでの自分を捨ててキャラを変えてみると、案外うまくいくかもしれません。人のために自分を変えるなんてプライドが許さないでしょうか？　でも、チームワークが円滑にいかないうちは、残念ながら今より大きな事は成し遂げられません。本当のオオモノは、目的のためにはプライドさえ自在にコントロールできるのです。

油断による怠け心。

18

事《こと》やや払逆《ふつぎゃく》するときは、
すなわち我に如《し》かざるの人を思わば、
すなわち怨尤《えんゆう》自《おの》ずから消えん。
心やや怠荒《たいこう》するときは、
すなわち我より勝《まさ》れるの人を思わば、
すなわち精神自ずから奮《ふる》わん。

（前集213）

【思うようにいかない時は、自分より下の人のことを思えば逆境をうらむ心は消える。心が怠荒する時は、優れた人の事を考えると心が奮い立ってくる】。「怠荒する」は「調子にのって心が怠けてくる」というニュアンス。つまり、こんなにうまくいっているのだから少しくらい…という、「ウサギとカメ」のウサギ状態をさします。どうも最近ウサギっぽくなってきたと思ったら、自分より成功している人のことを考えましょう。ちなみに、本当の成功者はライバルに少しくらい勝っているからと怠けたりしません。ライバルに勝つことより、ずっと大きなものを目指しているからでしょう。

19

浮かれている時は何もしない。

喜びに乗《じょう》じて諾《だく》を軽くすべからず。
酔《よ》いに因りて嗔《いかり》を生《しょう》ずべからず。
快《かい》に乗じて事《こと》多くすべからず。
倦《けん》に因りて終《おわ》りを鮮《すくな》くすべからず。

（前集214）

【うれしいからと言って軽はずみにOKを出さないこと。酔ったからといって怒りを爆発させないこと。順調だからと言って仕事を広げすぎないこと。飽きたからといっていい加減な終わり方をしないこと】。ちょっと想像してみてください。もしパイロットが心ここにあらずで飛行機を操縦していたり、手術中の外科医が手術に飽きしていたらかなり恐ろしいですよね！　ビジネスでも恋愛でも、思考が感情に侵されている時に大切なことに臨むのは、酔っぱらい運転並みに危ないもの。だからといって感情をなくすことはできませんから、「今は浮かれているから何もしないぞ」という節操を持つだけでもずっとマシでしょう。

20

才能の使い道。

天は一人《いちにん》を賢《けん》にして、
以て衆人《しゅうじん》の愚《ぐ》を誨《おし》えんとす。
しかるに世は反《かえ》りて長《ちょう》ずる所を逞《たくま》しくして、
以て人の短《たん》を形《あら》わす。
天は一人を富《と》ましめて、
以て衆人の困《くるしみ》を済《すく》わんとす。
しかるに世は反りて有《ゆう》する所を挟《さしはさ》みて、
以て人の貧《ひん》を凌《あなど》る。真《まこと》に天の戮民《りくみん》なるかな。

（前集216）

勝ち組なのになんだか心が満たされない…。もしそんな風に感じていたら、自分の能力を使って人の役に立つ方法を考えてみましょう。その方法は、かならずしもボランティア活動やチャリティとは限らないので、頭をやわらかくして考えること。せっかくの才能を自分のためだけに使っていると、その先に待っているのは間違いなく虚しさです。**【天が賢さを授けるのは賢くない人のため。天が富を授けるのは富がなくて困っている人のため。賢さを乱用して誰かを暴きたてたり、財産を鼻にかけたりするのは、罪にも等しい！】**。

オオモノの心配ごと。

21

君子は、患難《かんなん》に処《お》りては憂えざるも、
宴遊《えんゆう》に当《あた》りては惕慮《てきりょ》す。
権豪《けんごう》に遇《あ》いては懼《おそ》れざるも、
惸独《けいどく》に対しては心を驚かす。

（前集221）

【苦境にあっても平然としているが、お酒の席ではハメを外さないかとハラハラし、権力者に会っても恐れないが、困っている人に出会うと心を痛めてしまう】。オオモノの心配ごとは、コモノとはひと味違いますね。お酒の席で「ハメを外さないようにしないと…」と内心ハラハラしている姿はなんともユーモラスに思えますが、自分の理性を信じていない謙虚さこそ、まさにオオモノです。

22

パーティはさっさとおいとまする。

賓朋雲集《ひんぽううんしゅう》し、劇飲淋漓《げきいんりんり》として楽しむ。
俄《にわ》かにして漏《ろ》尽き燭《しょく》残り、香《こう》銷《き》え
茗《めい》冷やかにして、覚えず反《かえ》って嘔咽《おうえつ》を成し、
人をして索然《さくぜん》として味《あじ》無からしむ。
天下の事も率《おおむ》ねこれに類《るい》す。
人奈何《いかん》ぞ早く頭《こうべ》を回《めぐ》らさざらん。

（後集10）

【お酒を飲んでおしゃべりに興じて音楽に身を任せて…。ところが、料理は冷め切って、音楽も消えて、飲み過ぎて気分が悪くなって…。夜更けまでズルズルと居残っていると、必ずしらけ出す。人を夢中にさせる大抵のものはこのパーティのように虚しい】。人が夢中になるのは、どういうわけか必ず終わりがくる儚いモノ・コトばかりです。お金、名誉、流行りのブランド、女性ならば若さや美貌？　でも、しらける前にさっさとおいとまするのがパーティの達人。終わりがくるものにいつまでも固執せずに、ちゃんと長持ちする、本当の価値があるもののために人生の時間を使いましょう。

ジャンクフード的な生き方をしない。

23

炎に趨《はし》り、勢《いきおい》に附《つ》くの禍《わざわい》は、甚だ惨《さん》にして、また甚だ速《すみ》やかなり。恬《てん》に棲《す》み、逸《いつ》を守るの味《あじわい》は、最も淡《たん》にして、また最も長し。

（後集21）

【権力を求める生き方はかならず悲惨な結果を招く。しかも非常に早く！　心安らかな生活を大事にする生き方は、しみじみとした味わいがあってしかも長続きする】。権力は油っこいジャンクフードのようだと思います。無性に食べたくなって、食べている間は確実においしいのですが、食べ続けるといつか健康を害するからです。一方で、「心安らかな生活」は和食ですね。中国の食事でいうならおかゆでしょうか。あっさり薄味で飽きがこないうえ、体の力をきちんと養ってくれるところなどまさに！　ささやかなことに幸せを感じられ、平穏であることに感謝できる謙虚な心が試されます。

身辺がゴチャゴチャしてくると…。

24

時《とき》、喧雑《けんざつ》に当《あた》らば、すなわち平日《へいじつ》記憶する所のものも、皆漫然《まんぜん》として忘れ去る。境《きょう》、清寧《せいねい》に在らば、すなわち夙昔遺忘《しゅくせきいぼう》する所のものも、また恍爾《こうじ》として前に現《あら》わる。見るべし、静躁《せいそう》やや分《わか》るれば、昏明頓《こんめいとみ》に異なることを。

（後集37）

【身辺がゴチャゴチャしていると忘れっぽくなり、静かでさっぱりしていると忘れていたような事まで思い出せる。騒がしい環境と静かな環境の差は頭のはたらきに現れる】。足の踏み場もないほど散らかった部屋で過ごしていると、忘れものやなくしものが増えるだけでなく、頭がボンヤリしてきてやるべきことさえ忘れそうになりませんか？　ウッカリやボンヤリは、身辺がゴチャゴチャしすぎてきたこととのSOSサインかもしれません。引き出し1つからでもいいのでぜひ整理整頓を。ついでに余計な用事をキャンセルして、静かな時間を作りましょう。ちなみに、静かで落ち着いた環境だとIQとEQが上がることは、科学的にもはっきりしています。

欲しがらなければ心配も減る。

25

我、栄《えい》を希《ねが》わざれば、
何《なん》ぞ利禄《りろく》の香餌《こうじ》を憂えんや。
我、進むを競わざれば、
何ぞ仕官《しかん》の危機を畏《おそ》れんや。

（後集43）

実は生クリームたっぷりのケーキが少し苦手です。でもそのおかげで、少なくともケーキを食べ過ぎてしまうせいで太ることはありません。つまり、ケーキが好きな人よりも私は心配ごとが1つ少ないのです。まさに、**【出世を願う欲がなければ、甘い香りのエサに釣られる心配はない。出世を競わなければ、危ないはめに陥る心配もない】**。おいしいケーキに「太る」という心配が隣り合わせにあるように、欲望の周囲にはかならず罠があります。でも、余計な欲望をもたなければ余計な罠にひっかかる心配もない。さながら段ちゃんとケーキのごとし！です。

26

どんなに快適でも鳥籠は鳥籠です。

花、盆内《ぼんない》に居《お》らば、終《つい》に生機《せいき》に乏しく、
鳥、籠中《ろうちゅう》に入《い》らば、すなわち天趣《てんしゅ》を減《げん》ず。
若《し》かず、山間《さんかん》の花鳥《かちょう》の、
錯雑《さくざつ》して文を成し、翱翔《こうしょう》すること自若《じじゃく》たり、
自《おの》ずからこれ悠然として会心《かいしん》するには。

（後集54）

【植木鉢や鳥籠に閉じ込められていると、花も鳥も生気を失ってしまう。野山で悠々と生きる花や鳥の生命力や美しさにはかなわない】。ここで言う「植木鉢や鳥籠」は、心の自由を奪ってしまう環境のたとえです。名の知れた大企業の中にもブラック企業はあるし、華やかに見えるセレブの暮らしも、実態はがんじがらめの窮屈な毎日かもしれない。生き生きと生きられないなら、そこがどんなに素敵に見える場所でも鳥籠と変わりません。それでも鳥籠に憧れる人が後を絶たないのは、はたから見ると快適で不自由なく見えるからなのでしょうね。

27

本当の知恵を身につける。

病《やまい》に遇《あ》いて後《のち》に強《きょう》の宝たるを思い、
乱《らん》に処《お》りて後に平《へい》の福《さいわい》たるを思うは、
蚤智《そうち》に非《あら》ざるなり。
福《さいわい》を倖《ねが》いて先ずその禍《わざわい》の本《もと》たるを知り、
生《せい》を貪《むさぼ》りて先ずその死の因《いん》たるを知るは、
それ卓見なり。

（後集98）

【病気になってから健康の大切さに気づいたり、戦争になってから平和の有り難さに気づくような人は、先見の明があるとは言えない。幸福を求めすぎる心が不幸のもとになる可能性を知っていたり、健康を求めすぎる心が不健康を招く可能性があると心得ているなら、卓越した見識だといえる】。成績がよかったからといって、かならずしも知恵があるとは限らないようです。もし世界中のエリートと呼ばれる人たちにこのような本当の知恵があれば、先見の明をもってして、戦争など起こすこともないでしょうから…。

28

自分を磨く意味。

分《ぶん》に非《あら》ざるの福《さいわい》、故《ゆえ》無きの獲《えもの》は、
造物《ぞうぶつ》の釣餌《ちょうじ》に非ずば、
すなわち人世《じんせ》の機阱《きせい》なり。
この処《ところ》に眼を着くること高からずば、
彼の術中に堕ちざること鮮《すくな》し。

（後集126）

【不自然な幸運は、天が人を試すために仕掛けた餌か、誰かが仕掛けた落とし穴。意識を高く持っていない限り、たいてい引っかかる】。ウマイ話に飛びついては痛い目に遭う人が後を絶ちません。「努力してないのにいいことあった！」というおとぎ話のようなラッキーも時にはあるのかもしれませんが、現実はおとぎ話よりもずっとシビアです。実力や器にふさわしくない幸運はものにできないし、手に入れても長続きしません。幸運をものにできる自分になるために自分を磨く努力をする。努力する価値はそこにあるのです。

第二章

逆境をチャンスに変える知恵

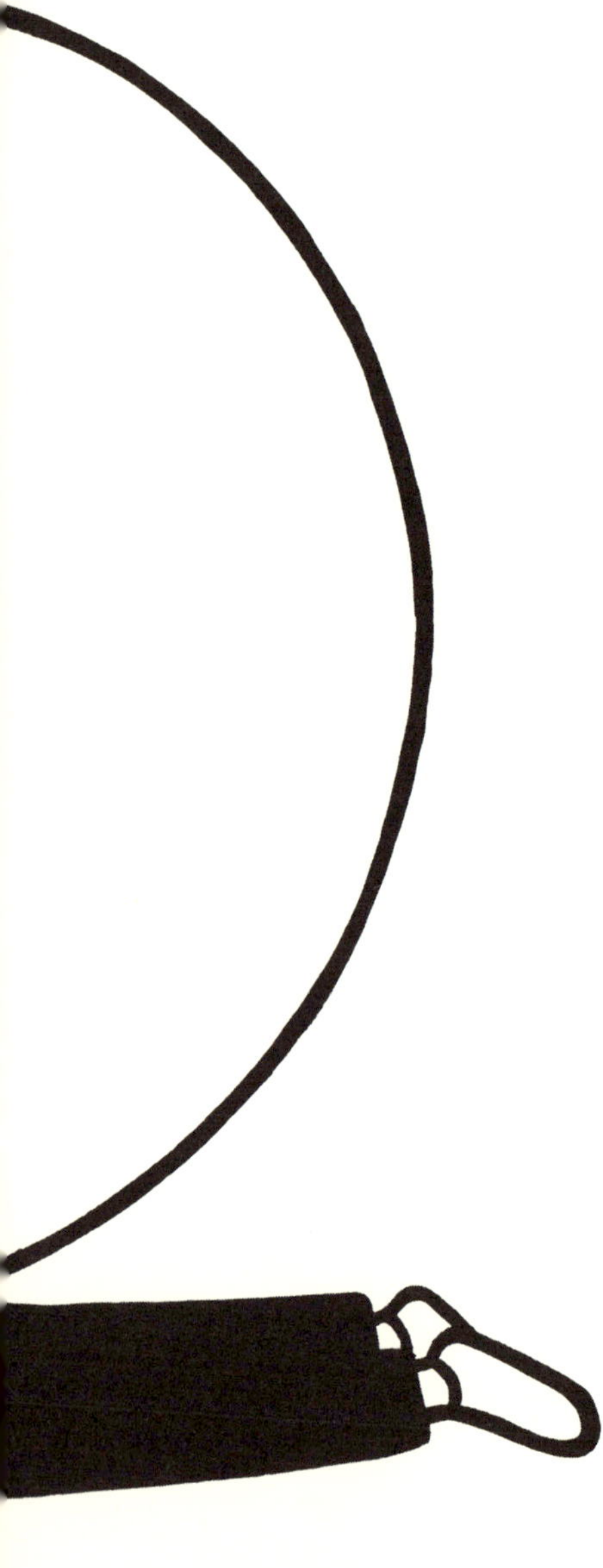

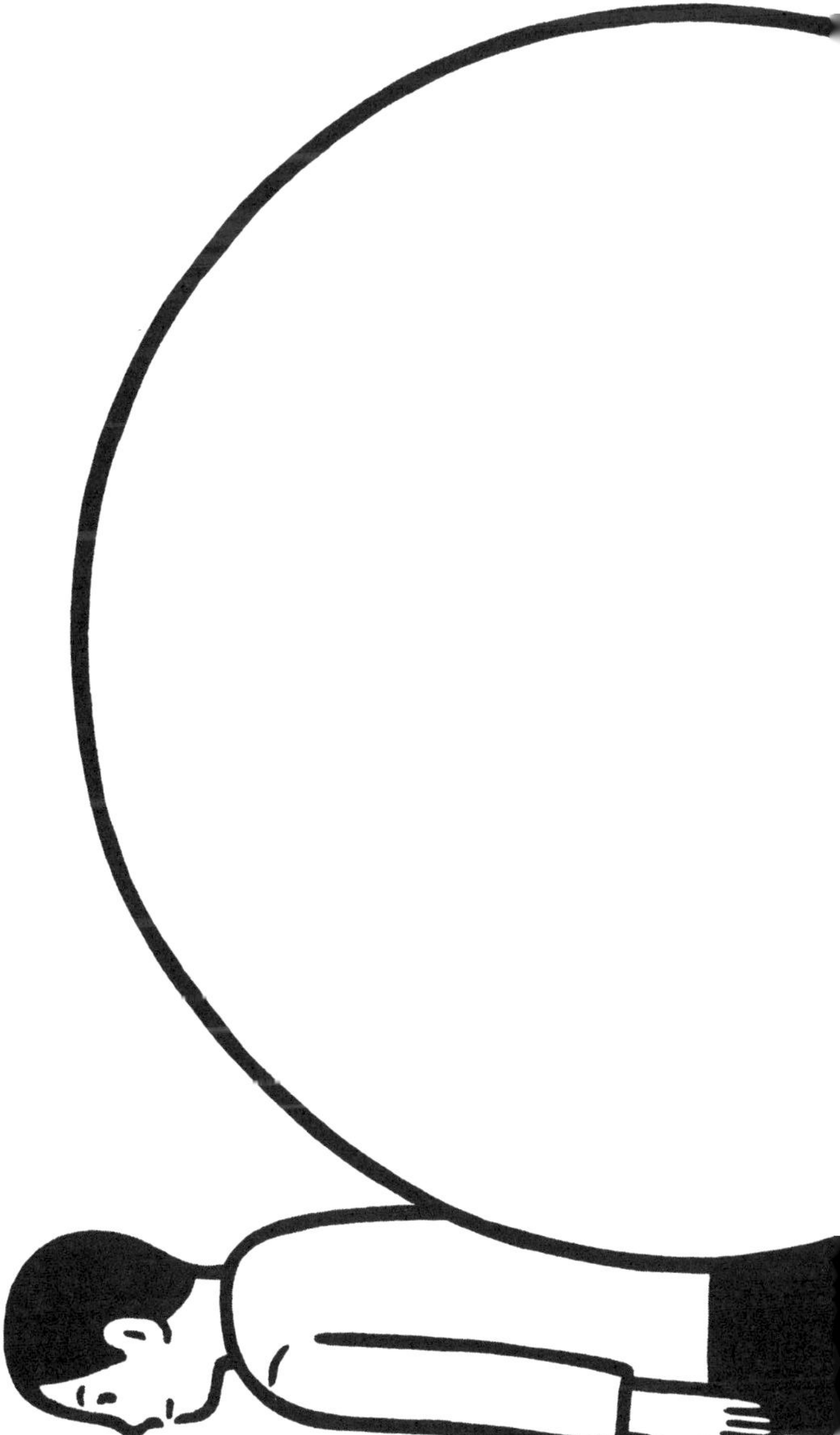

29

薬は飲まないと効かない。

耳中《じちゅう》、常に耳に逆らうの言《げん》を聞き、
心中、常に心に払《もと》るの事有らば、
纔《わず》かにこれ徳に進み
行いを修むるの砥石《しせき》なるのみ。
もし言々《げんげん》耳を悦ばし、
事々《じじ》心に快《こころよ》くば、
すなわちこの生をとりて
鴆毒《ちんどく》のうちに埋在せん。

（前集5）

タレント業をしているのに食べ過ぎて太ってしまったことがありました（笑）。友達に「太ったね」と言われ、ネットでも「ムチムチしてきた」と書きこまれ…。でも、「太った」という指摘を受け入れた結果、ダイエットを頑張り抜くことができました。「良薬苦口利于病、忠言逆耳利于行」（良薬は苦いが病に効き、忠告は耳に痛いがためになる）という中国のことわざにもあるように、辛いアドバイスや逆境は、真正面からきちんと受け止めると、絶対に進歩できるのです。ただし、どんな〝良薬〟でも飲まないことには効きませんよ。念のため！**【辛い忠言や逆境は、鉄を強く鍛える砥石のようなもの。心地よい褒め言葉だけを聞き、順調すぎる毎日を送っているなら、人生を猛毒に沈めているようなもの】**。

30

失敗した後に成功しやすい理由。

恩裡《おんり》には、由来《ゆらい》害を生ず。
故に快意の時は、すべからく早く
頭《こうべ》を回《めぐ》らすべし。
敗後には、あるいは反《かえ》りて功を成す。
故に払心《ふっしん》の処《ところ》は、たやすくは
手を放つことなかれ。

（前集10）

【思い通りにことが運んでいい気分の時こそ、思わぬ災害が起きやすいから早く引き返しなさい。思った通りに行かなくても、失敗の後は成功しやすいので投げ出してはいけません】。つい先日、ミスをしてオーディションに落ちてしまいました。とても落ち込みましたが、同じミスを繰り返さないように、ミスした部分をきちんと復習。そうして、失敗のおかげでかえって準備が整い、次のオーディションに合格する確率がぐっと上がったと思うのです。「失敗の後に成功しやすい」のは、こういうことなのだと思います！

31

初心にヒントあり。

事窮《ことき》まり勢い蹙《せま》るの人は、
まさにその初心を原《たず》ぬべし。
功成り行い満つるの士は、
その末路を観《み》んことを要す。

（前集30）

私の夢は日中友好の架け橋になること。タレント業をしながら日本の大学で働くのはとても大変ですが、この初心に戻るたびに「今は夢のための足固めの時期だから、両方とも頑張る必要があるんだった！」と心が奮い立ちます。**【仕事や事業に行き詰まって未来が見えなくなっている人がいたら、初心を尋ねてあげよう。すべてが順調にいっている人がいたら、未来を見るようにすすめよう】**。

32

苦しい時もあって当たり前。

人の際遇《さいぐう》は、斉《せい》なる有り、斉ならざる有り。
しかしてよく己《おのれ》をして独り斉ならしめんや。
己の情理は、順《じゅん》なる有り、順ならざる有り。
しかしてよく人をして皆順ならしめんや。
これを以て相観し対治《たいじ》するも、
またこれ一《いっ》の方便の法門なり。

（前集54）

【人生には順調な時もそうでない時もあるもの。自分だけが順調でありたいと思うのはいかがなものか。心はごきげんな時もイライラ荒れる時もある。人に対してごきげんな状態だけを望むのもいかがなものか】。「斉」とは順調な状態、「順」はごきげんな状態、それに「不」（not）がつくと反対の意味になります。斉と不斉、順と不順はセットなので、「斉・順」だけのいいとこどりの状態は不自然なのです。日本に到着した時の私は、大好きな国に来れたうれしさでまさに斉・順。でも、何もかもうまくいかないので焦ってしまい、不斉・不順に。勇気を出してアルバイトを始めたら日本にも慣れてきて、斉・順になりました。さらにその後、何回も斉・不斉、順・不順が繰り返し訪れています。それでいいのです。セットですから。

33

じつは今、結構いい時期です。

苦心の中《うち》に、
常に心を悦ばしむるの趣《おもむき》を得、
得意の時に、
すなわち失意の悲しみを生《しょう》ず。

（前集59）

中国の高校生は恋愛禁止！　でももちろん片思いはOKです。片思いは切ないけれど、つきあってからは味わえない楽しみや喜びがあって…。たとえが偏っていますが（笑）、苦労の最中にしか感じられない悦びというものは、どの世界にも本当にあるのです。**【一生懸命に苦労している間には心を悦ばせる味わいがあり、絶好調の時には失意の悲しみが生まれている】**。誰もが成功や出世を目指しますが、企業でも芸能界でも一度トップにのぼりつめると、前にはなかった深刻な課題が出てくるもの。と考えると、のぼりつめるまでの間って結構いい時期。苦労ごと楽しんだほうが絶対にお得です。

34

晴れやかな心はお金で買えない。

心体光明《しんたいこうみょう》ならば、暗室の中《うち》にも青天《せいてん》有り。
念頭暗昧《ねんとうあんまい》ならば、白日《はくじつ》の下《もと》にも厲鬼《れいき》を生《しょう》ず。

（前集66）

どんなに今の生活が順調でも、人を騙したり陰で悪いことをして出世してきたならば、そのやましさで心がモヤモヤするだけでなく、「いつか仕返しされるのではないか」「いつか騙されるのではないか」などという妄想や錯覚で精神を蝕むことになるでしょう。それと逆に、正々堂々と正直に生きている人は、たとえ苦労して見えても心の中は青空のようにすっきり晴れやか！　この晴れやかさは、いくらお金を積んでも買えるものではありません。**【心が澄みわたっていれば、暗い場所にいても青い空の下にいるように晴れ晴れしている。心が曇っていると、昼間なのに幽霊が出てくる】**。

35

未来や過去に逃げこまない。

未だ就《な》らざるの功を図るは、
すでに成るの業《ぎょう》を保つに如《し》かず。
既往《きおう》の失《しつ》を悔ゆるは、
将来の非を防ぐに如かず。

（前集81）

【就いてもいない仕事についてあれこれ計画するより、今ある仕事をしっかりキープすること。過ぎた失敗を後悔するくらいなら、将来の失敗を防ぐこと】。うまくいかない時はつい過去や未来に逃げこみたくなってしまうもの。でも、「グラビアアイドルになったらもっとダイエットしないとダメかな」などという来てもいない（！）オファーの心配や、「こないだ失敗したオーディション、やり直したい～」などといった意味のない後悔はすべて今からの逃避です。そんなことより目の前の仕事や課題を全力でがんばるほうがずっと大事。そうすれば道も自然と開けてきます。

今のうちに一生ものの品格を。

36

貧家《ひんか》も浄《きよ》く地を払い、
貧女《ひんじょ》も浄く頭《こうべ》を梳《くしけず》らば、
景色《けいしょく》は艶麗《えんれい》ならずといえども、
気度《きど》は自《おの》ずからこれ風雅《ふうが》なり。
士君子《しくんし》、一たび窮愁寥落《きゅうしゅうりょうらく》に当《あた》るも、
奈何《いかん》ぞすなわち自《みず》から廃弛《はいし》せんや。

（前集85）

【貧しい家も庭先を掃き清め、貧しい女性もきれいに髪をとかしていると、華やかさはなくても凛とした品格が生まれてくる。不遇な目に遭っても、品を落としたり自分を諦めてはいけない】。大変な時期なのに品があってキラキラ輝いている人はいます。一方で、お金持ちなのに品のない人もたくさんいます。つまり、人の品格は環境に左右されるものではないのです。狭い部屋でもきちんと身の回りの整理整頓をして、服の毛玉もきちんととって、猫背にならずに視線を高く保って、人に寄りかからず自律して、丁寧な心で暮らす。そうやってこの時期に磨いた品格は一生ものです。

37

言い訳はしない！

閑中《かんちゅう》に放過《ほうか》せざれば、忙処《ぼうしょ》に受用《じゅよう》有り。
静中《せいちゅう》に落空《らくくう》せざれば、動処《どうしょ》に受用有り。
暗中《あんちゅう》に欺隠《ぎいん》せざれば、明処《めいしょ》に受用有り。

（前集86）

【隙だからといって時間を無駄にしない。忙しくなった時に役立つから。平穏だからといってぼんやりしない。平穏じゃなくなった時に役立つから。誰も見ていないからといって悪事を隠したりしない。人に見られる立場に立った時に役立つから】。就職難、あるいはリストラなどでぽかんと時間ができたら、じつはチャンスです。さぼるチャンスではなく、力を蓄えるチャンスです。「特に用事もないし」とか「誰も見てないし」という言い訳はなし。勉強でも旅行でもいい。心を充実させて生き生きと過ごしていれば運が満ちて、道も開けてきます。

38

運命に勝つ方法。

天の我に薄くするに福を以てせば、
吾《われ》は吾《わ》が徳を厚くして以てこれを迓《むか》えん。
天の我を労するに形を以てせば、
吾は吾が心を逸《いっ》にして以てこれを補《おぎな》わん。
天の我を阨《やく》するに遇《ぐう》を以てせば、
吾は吾が道を亨《とお》らしめて以てこれを
通《つう》ぜしめん。天も且《か》つ我を奈何《いかん》せんや。

（前集91）

「人定勝天」（人間はかならず運命に勝てる）という中国のことわざがありますが、一体どうすれば勝てるのでしょうか。**【天が私の福を薄くしたら徳を厚くする。天が体を苦しめたら心を楽にする。天が道を塞いだら我が道を貫き通す。そうすれば、天は私をどうすることもできない】**とあるように、天の意地悪を逆手にとって自分を磨いてしまうのです。私は小さい時、話そうとするたびに恥ずかしくて声を詰まらせるような、超がつくほど内気な子どもで、そんな自分がとても嫌いでした。だから、わざとアナウンスが学べる大学に進学して、授業でニュースを読みながら〝声〟の弱点を克服したのです。将来、外国でテレビに出て話をする仕事をしていることを知ったら、小さな私も天もさぞかし驚くでしょうね！

39

準備は冬の間にしかできない。

衰颯《すいさつ》の景象《けいしょう》は、すなわち盛満《せいまん》の中に在り、
発生《はっせい》の機緘《きかん》は、すなわち零落《れいらく》の内に在り。
故に君子は、
安《やす》きに居《お》りては宜《よろ》しく
一心《いっしん》を操《と》りて以て患《うれい》を慮《おもんぱか》るべく、
変に処《お》りては当《まさ》に
百忍《ひゃくにん》を堅くして以て成るを図るべし。

（前集118）

寒〜い冬の間にしっかり耕しておいた畑では、立派な作物が育ちます。冬の間に済ませておくのは、芽が出てしまった後では芽が邪魔でしっかり耕せないからでしょうね。つまり、不遇の時こそ準備のベストシーズン。チャンスがこないことに落ち込むのではなくて、いつチャンスが来てもいいようにしっかり力をつけておきましょう。**【下り坂の兆しはピークの中にすでに生まれているから、順調な時ほど浮かれずに将来を心配しておく。新しい芽は草木が枯れた時にすでに生まれているから、不遇の時ほどしっかり耐えてチャンスを諦めない】**。

謙虚という武器。

40

己《おのれ》を反《かえり》みる者は、事に触れて皆薬石《やくせき》と成り、
人を尤《とが》むる者は、念を動かせばすなわち
これ戈矛《かぼう》なり。
一《いっ》は以て衆善《しゅうぜん》の路《みち》を闢《ひら》き、
一は以て諸悪の源《みなもと》を濬《ふか》くす。
相《あい》去ること霄壌《しょうじょう》なり。

（前集147）

謙虚に反省できる人は無敵です。たとえば不景気というどうしようもないもののせいで大変な目に遭っても、「そうはいっても自分にも改善できる部分がまだまだある」と、ピンチを利用して成長してしまうからです。一方で、「親のせい」「社会のせい」「景気のせい」と何かのせいにしていると、その瞬間は心が楽ですが、成長できないし、人生がどんどん悪い方向にこじれていきます。**【謙虚に反省できる人は、いい体験も辛い体験も、そのすべてを人生の薬や栄養にしてしまう。責任転嫁してばかりの人は、考えることと思うことのすべてが自分と他人を損なう刃物となり、悪の素養を作っていく。その違いは天と地ほど！】**。謙虚に反省できる心はそれだけでひとつの大きな武器！　しかも、いくら使ってもすり減りません。

41

イライラ、むしゃくしゃ。

水は波あらざれば、すなわち自《おの》ずから定まり、
鑑《かがみ》は翳《くもり》あらざれば、すなわち自ずから
明らかなり。故に、心は清くすべき無し。
そのこれを混《にご》らす者を去《のぞ》かば、
清《せい》自ずから現わる。
楽しみは必ずしも尋ねず。
そのこれを苦しむる者を去《のぞ》かば、
楽しみ自ずから在《そん》す。

（前集151）

むしゃくしゃした時の気分転換の方法はショッピング…なのですが、「なんでこんなものにお金を使っちゃったんだろう」とかならず後悔し、何日か経つとむしゃくしゃがぶり返してきます。ショッピング、甘いもの、あるいはお酒？　気分転換の方法にもいろいろありますが、むしゃくしゃの原因と向き合わずに気分転換するのは、においの元を放置したまま、いい香りのスプレーを噴きまくるようなもの。でも、においの元をそうじすれば、香りでごまかさなくてもそれだけでスッキリします。**【水は波がなければ静かだし、鏡は汚れがなければピカピカ。人の心は水や鏡のようなもの。俗念や雑念を取りのぞけば、本来の清らかさと楽しさがあらわれる】**。

42

環境を変える前に自分を変える。

念頭の寛厚《かんこう》なるものは、
春風《しゅんぷう》の煦育《くいく》するが如《ごと》し。
万物《ばんぶつ》はこれに遭《あ》いて生《しょう》ず。
念頭の忌刻《きこく》なるものは、
朔雪《さくせつ》の陰凝《いんぎょう》するが如し。
万物はこれに遭《あ》いて死す。

（前集161）

【心の温かい人がそこにいると、春風が万物を育てるようにまわりの心も生き生きする。心が残忍な人がそこにいると、雪が万物を凍りつかせるようにまわりの心まで寒々しくなる】。心の温かい人に対しては知らずに自分も優しくなっているし、イライラした人には、イライラがうつるからあまり近寄りたくないですよね？　同じ職場、あるいは同じ町内なのに、「ここはいい人ばかりだ」と思う人と、「ややつばかりだ」と思う人がいるのもこのためです。もし今の環境が面白くなかったり辛かったりするなら、自分の心を変えてみると案外いい場所になるかもしれません。私も、日本に来たばかりで不安でいっぱいだった時は、今と違う国にいるようでした。

43

今だけたまたまそうなのかも。

我、貴《とうと》くして、人、これを奉《ほう》ずるは、
この峨冠大帯《がかんだいたい》を奉ずるなり。
我、賤《いや》しくして、人、これを侮《あなど》るは、
この布衣草履《ふいそうり》を侮るなり。
しからばすなわち、原《もと》より我を奉ずるに非《あら》ず、
我、胡為《なんす》れぞ喜ばん。
原《もと》より我を侮るに非ず、
我、胡為《なんす》れぞ怒《いか》らん。

（前集170）

【人が私を尊敬するのは、私が有名企業に勤めて、高級ブランドの服を着ているから。人が私を軽く見るのは、肩書きがフリーターでスーツを着ていないから。だとしたら、尊敬されて喜ぶ必要もないし、軽く見られて怒る必要もない】。現代風に訳すとこんな感じでしょうか？　ステータスは無常のものです。そんな「今たまたま」の部分を見て態度を変えるような輩は、男でも女でも相手にしないこと。そして自分もまた、相手のステータスで態度を変えないこと。

波を喜ぶサーファーのように。

44

世人《せじん》は、心に肯《うけが》う処《ところ》を以て楽しみとなし、
却《かえ》って楽心《らくしん》に引かれて苦処《くしょ》に在り。
達士《たっし》は、心に払《もと》る処を以て楽しみとなし、
終《つい》に苦心《くしん》を楽しみに換え得て来たるとなす。

（前集202）

仕事、家族、健康の問題。いくら用心深く生きていても、逃げ場のない試練はかならずやってきます。だからいっそのこと、サーファーが怖れながらも大きな波を歓迎するように、「よし来たな！乗りこなしてみせる！」と自分から出迎え、波を見据えましょう。どんな試練もしっかり向きあうことができれば、乗り越える知恵も湧いてきます。怖いからと目を覆っていたら、波に飲まれて溺れてしまうでしょう。**【順調なだけの人生を夢みても苦しくなるだけ。その点、人生の達人は逆境に打ち勝つことを楽しんでしまう。つまり、逆境を楽しみに換えられるのだ】**。

45

本当によいものはシンプルだ。

桃李《とうり》は艶《えん》なりといえども、何ぞ松蒼栢翠《しょうそうはくすい》の堅貞《けんてい》なるに如《し》かん。梨杏《りきょう》は甘しといえども、何ぞ橙黄橘緑《とうこうきつりょく》の馨冽《けいれつ》なるに如かん。信《まこと》なるかな、濃夭《のうよう》は淡久《たんきゅう》に及ばず、早秀《そうしゅう》は晩成するに如かざることや。

（前集222）

【桃やすももの花があでやかでも、松や柏の佇まいには及ばない。梨や杏が甘くても、橙や緑のみかんの爽やかな香りには及ばない。華やかで儚いものより、シンプルで長続きするものを。簡単にできる成功より、時間がかかっても確かな成功を】。いいものはシンプルで飽きがこない。確かな価値のあるものは完成までに手間と時間がかかる。この2つの真実に気づくことができたら、きらびやかなだけのお手軽なモノ・コトは自然と求めなくなっていきます。そうすれば、買い物の失敗も減るし、人生の岐路でチョイスを間違えることもなくなっていくことでしょう。

46

気にするから気になる！

熱は必ずしも除かざるも、
しかもこの熱悩《ねつのう》を除かば、
身は常に清涼台《せいりょうだい》の上に在らん。
窮《きゅう》は遣《や》るべからざるも、
しかもこの窮愁《きゅうしゅう》を遣《や》らば、
心は常に安楽窩《あんらくか》の中《うち》に居《お》らん。

（後集27）

【悩む心を取り除けば、暑い夏でも体は涼しい場所にいるのと同じになり、貧しくても心は安らかな家に住んでいるのと同じになる】。

夏の暑さや貧しさは、すぐに変えようがないことの代表選手ですが、「心静自然涼」（心が静かであれば自然と涼しく感じる）という中国の慣用句にもある通り、気にしなければ快適にやり過ごせるものはいろいろあります。たとえば、「お金がないせいでコンビニなんかで…」と思うよりも、「コンビニでこんなに美味しいなんてすごいな〜」と思ったほうが、同じコンビニ弁当でもずっと楽しく食べられます。気にするから気になるのであり、気にしてたところですぐにどうにもならないことは気にしない。心を切りかえて、朗らかに乗り切りましょう。

心次第!

47

機の動けるものは、弓影《きゅうえい》も疑いて
蛇蝎《だかつ》となし、寝石《しんせき》も視《み》て伏虎《ふくこ》となす。
この中《うち》渾《すべ》てこれ殺気《さっき》なり。
念の息《や》めるものは、石虎《せきこ》も海鷗《かいおう》と
作《な》すべく、蛙声《あせい》も鼓吹《こすい》に当《あ》つべし。
触《ふ》るる処倶《とも》に真機《しんき》を見る。

（後集47）

【心が動揺している人には見るものすべてが殺気を出すので、弓の影は蛇やサソリに、岩は虎に見える。心が安らかな人にはみんながよい面を見せるので、虎のように荒々しい相手もカモメのようにおとなしくなり、カエルも美しい音楽のように鳴く】。日本で暮らし始めた頃、まさに同じような経験をしました。道行く人が意地悪に見える時もあれば、優しい人ばかりに感じる日もある。心のあり方によって、環境は正反対の作用をするのです。辛いことばかりに見える世の中も、心を落ち着けて見れば、もっといいところかもしれないのです。

普通が一番いい理由。

48

一《いっ》の楽境界《らくきょうかい》有らば、
すなわち一《いっ》の不楽《ふらく》の相対待《あいたいたい》するもの有り。
一の好光景《こうこうけい》有らば、
すなわち一の不好《ふこう》の相乗除《あいじょうじょ》するもの有り。
ただ、これ尋常の家飯《かはん》、素位《そい》の風光《ふうこう》のみ、
纔《わず》かにこれ個《こ》の安楽の窩巣《かそう》なり。

（後集59）

【いかにも楽しげで素敵に見える場所にも、楽しくないこと、素敵でないことがかならずセットになっている。その点、普通の食事と普通の我が家こそ心が安らげる一番の場所！】。スターや富豪にも悩みはあり、名声やお金で解決できない分、その悩みはより深刻だと言えます。「いかにもよく見えるもの」ほど負の部分が深いのはそのためです。虚像かもしれない華やかな暮らしに憧れて無理を重ねるより、普通の生活を楽しむほうが賢い生き方かもしれません。

なくなるものにこだわらない。

49

成《せい》の必ず敗《やぶ》るるを知らば、すなわち
成を求むる心、必ずしもはなはだ堅からず。
生《せい》の必ず死するを知らば、すなわち
生を保《たも》つの道、必ずしも過ぎて労《ろう》せず。

（後集61）

特に男性のみなさまへ。成功はすばらしいですが、成功と失敗はかならず繰り返すので、成功にばかり固執しては辛いだけだし、失敗してもそこまで悔やむことはありません。次に、特に女性のみなさまへ。命は刻々と変化し、死に向かっていきます。アンチエイジングはほどほどにして、もっとおおらかに人生を楽しみましょう。世の中に変わらないもの、なくならないものなどないので、そこにこだわりすぎると時に損をします。**【成功と失敗、生と死はセットになっていることをちゃんと理解できれば、成功や生への固執がほどかれ、悩みや憂いはもっと減るだろう】**。

焦らないこと！

50

伏《ふく》すること久しき者は、飛ぶこと必ず高く、
開くこと先なる者は、謝《しゃ》すること独り早し。
これを知らば、
以て蹭蹬《そうとう》の憂いを免《まぬが》るべく、
以て躁急《そうきゅう》の念《おも》いを消すべし。

（後集76）

　がんばっているのになかなか成果がでないなら、目指している成功は思っているより大きいのかもしれません。小さな成功は実現も簡単ですが、大きな成功は成就するまでに時間がかかります。だから焦らない！**【長く羽を休めていた鳥は、他の鳥より高く飛び上がる。早く咲いた花は他の花よりも早く散ってしまう。つまり、チャンスに恵まれなくても、悩んだり焦ったりする必要はない】**。

お金は大事だけど、心ほどではない。

51

心曠《ひろ》くば、すなわち万鍾《ばんしょう》も瓦缶《がふ》の如《ごと》く、
心隘《せま》くば、すなわち一髪《いっぱつ》も車輪に似たり。

（後集114）

貧乏になっても心が健康ならまたがんばれるし、お金持ちでも心が病んでいたら幸せを感じられない。お金で得られる喜びに長続きする喜びはないし、お金で解決できる悩みはそこまで深刻じゃない。つまり、お金は大事ですが、心ほどではないのです。**【心の広い人は、どんな大金も素焼きのカメほどに感じる。心の狭い人は、髪の毛一本ほどのものも大きな車輪くらい重く感じている】**。

52

心までヒマにならないこと。

人生は、
はなはだ閑《かん》ならば、すなわち別念竊《べつねんひそ》かに生《しょう》じ、
はなはだ忙《ぼう》ならば、すなわち真性《しんせい》現われず。
故に士君子《しくんし》は、
身心《しんじん》の憂いを抱かざるべからず、また
風月の趣《おもむき》に耽《ふけ》らざるべからず。

（後集117）

【あまりにヒマすぎると余計なことを考えてしまうから、少し心配ごとがあるくらいでちょうどいい。あまりに忙しすぎると本当の自分さえ忘れてしまうから、人生を楽しむ余裕を作ったほうがいい】。

忙しい時には心にゆとりを…というのはよく言われることですが、その逆も大切。ヒマが長く続く時は、何か課題を作ってでも心を忙しくして、心のバランスを保つようにしましょう。そう考えると、心配ごとさえ有り難く思えてきます。

53

不安さまさま。

子生まるるや、すなわち母危うく、
鏹《きょう》積むや、すなわち盗窺《ぬすびとうかが》う。
何の喜びか憂《うれ》いに非《あら》ざらん。
貧《ひん》を以て用を節すべく、
病は以て身を保つべし。
何の憂いか喜びに非ざらん。
故に達人は、まさに順逆も一《いつ》に視《み》、
欣戚《きんせき》も両《ふた》つながら忘るべし。

（後集119）

【子どもが生まれる時に母の体は危険になり、お金がたまると盗人がねらう。貧乏すると費用が節約できるし、病気をするとかえって体を大切にするようになる。このように、喜びと悲しみ、心配事と喜びはウラオモテだから、2つを別々に考えすぎないほうがいい】。

天津でのアナウンサーという仕事を辞めて日本に留学する時、まさにこんな思いでした。憧れの国での新しい生活にワクワクしている反面、日本で成功する保証がないこと、失敗しても元の職場に戻れない現実に激しい不安を抱えていたからです。でもこの不安のおかげで浮かれすぎずに慎重でいられました。もし特に不安も感じず、「とうとう日本に来れた〜」というのんきな気持ちでいたら今の私はなかったと思います。日本語で言うなら〝不安さまさま〟です！

第三章

これで万全！　セルフコントロール術

ごちそうにがっつかない心

54

勢利紛華《せいりふんか》は、近づかざる者を潔《きよ》しとなし、
これに近づきてしかも染まらざる者を
もっとも潔しとなす。
智械機功《ちかいきこう》は、知らざる者を高しとなし、
これを知れども用いざる者を
もっとも高しとなす。

（前集4）

地位、名誉、お金、あるいは人気のブランドものや派手な暮らしぶり。こういったものに夢中になりすぎると生活や人生のバランスを崩します。さながら、ごちそうを前に平常心を失って、うっかり食べ過ぎて体調を壊したり病気になるようなもの。手に入れたいのは、どんな空腹でも〝ごちそう〟に飛びついたりがっついたりしない強い心です。**【権力や利益、華美に飾られたものに近づかない者は清く、たとえ近づいても染まらない者はもっと清い。世の中のたくらみごとを知らない人は高尚であり、知っているのに用いない人はもっと高尚である】**。

55

薄味の生き方。

醸《じょう》肥《ひ》辛《しん》甘《かん》は真味《しんみ》に非《あら》ず、
真味はただこれ淡《たん》なり。
神奇《しんき》卓異《たくい》は至人《しじん》に非ず、
至人はただこれ常《じょう》なり。

（前集7）

はじめて日本料理を食べた時、味つけの薄さと油の少なさに驚きました。そして、なんてすばらしい料理なのかと思いました。食材の本当の味を楽しめるだけでなく、食材の質もごまかせないからです。**【味の濃厚な美酒美肉、辛いものや甘いものは、どれも本物の味ではない。ほんものの味は薄味である。抜きん出て見える人はまだ人生を極めていない。人生を極めた人は一見平凡だったりする】**。

人生においても「薄味」はとても大事です。目立つ生き方や派手な暮らしぶりは、濃いめの味つけのようなもの。味つけに惑わされることなく、ささやかでも本当の幸せを楽しめる豊かな感性を!

よい「原因」をたくさん積む。

56

肝病《かんやまい》を受くればすなわち目視《み》ること能《あた》わず、
腎病を受くればすなわち耳聴くこと能わず。
病は人の見ざるところに受けて、
必ず人の共に見るところに発《あら》わる。
故に君子は、
罪を昭昭《しょうしょう》に得《う》ることなからんと欲さば、
まず罪を冥々《めいめい》に得ることなかれ。

（前集49）

たとえば私を悩ませる目の下のクマですが、これは私が夜更かしをしたという「原因」の結果です。このように、自分の身に起こることはすべて「原因」の結果で、ある日突然やってくるのではありません。だから、よい結果を求めるならよい原因を積む。悪い結果を避けたいなら悪い原因を積まない。とてもシンプルです。クマができると分かっているのに、12時過ぎまでパソコンで遊んでしまう私はまだまだです…。**【肝臓が弱ると目が悪くなり、腎臓が弱ると耳が悪くなる。病気はまず身体の内側で起きて、それから外側にあらわれる。災厄を受けずに生きたいと思ったら、人目につかないところで罪を犯さないことだ】**。

たちの悪い親切心。

57

悪をなして人に知られんことを畏《おそ》るるは、
悪中《あくちゅう》にもなお善路有り。
善をなして人に知られんことを急ぐは、
善処もすなわちこれ悪根《あくこん》なり。

（前集68）

親切な行いをしても、感謝されたり褒められたりするとは限りません。「せっかくいいことしたのに！」と腹が立つかもしれないし、がっかりして傷つくかもしれません。でも、どんな善行にもこのような葛藤はつきもの。その葛藤する心と向き合うことで人は成長できるし、人格が磨かれます。この大きな見返りを軽く見て、感謝や名声を求め続けるとどうなるか。次第に心の中の〝善〟が曖昧になっていくでしょう。**【やましさで苦しんでいるなら、悪人といえどもまだ善悪の分別がある。善いことをして名声を求めるような人よりかはずっと！】**。善の分別がつかなくなった心はどたちの悪いものはないと厳しく警告しています。

手に入れるのではなく引き寄せる。

58

福は徼《もと》むべからず。喜神を養いて以て
福を召くの本《もと》となさんのみ。
禍《わざわい》は避《さ》くべからず。殺《さつ》機《き》を去《のぞ》きて以て
禍を遠ざくるの方となさんのみ。

（前集71）

イライラした人がいたらそばに近寄りたくないものですが、幸福もまた同じ。心の中で悪いことを考えたりイライラしたりしながら待ちわびても、人も幸福も寄ってきません。まずは心から。**【幸福は求めて得られるものではなく、楽しみや喜びの心を養った時に自然にやってくるもの。災難は避けようとして避けられるものではなく、殺気だった心を無くした時に自然に避けられるもの】**。

59

福はニコニコ親切な人のところに。

天地の気、暖《だん》ならばすなわち生《しょう》じ、
寒《かん》なればすなわち殺《さい》す。
故に性気《せいき》の清冷《せいれい》なる者は、
受享《じゅきょう》もまた涼薄《りょうはく》なり。
ただ、和気熱心の人のみ、
その福もまた厚く、その沢《うるおい》もまた長し。

（前集73）

【暖かいと万物が生え育ち、寒いと枯れるように、心が冷たいと受ける幸福も乏しい。心が温かい人だけが、受ける幸せも厚く恩恵も長続きする】。中国のデパートにはイライラして不親切な店員さんがいることがあり、イライラが私にも伝播して買い物をする気がなくなってしまいます。その点、日本のデパートではどの店員さんもニコニコ親切なので、心がハッピーになってついいろいろ買ってしまいます（笑）。つまり、日本のデパートはニコニコした結果、「売れる」という福を得ています。これはもちろん比喩ですが、もしも福が少ないなら、心が「イライラした中国のデパートの店員さん」になっていているかもしれません。

欲望は消さなくていい。

60

耳目見聞《じもくけんぶん》は外賊《がいぞく》たり。
情欲意識《じょうよくいしき》は内賊《ないぞく》たり。
ただこれ主人翁《しゅじんおう》にて、惺々不昧《せいせいふまい》、
中堂《ちゅうどう》に独坐《どくざ》すれば、
賊もすなわち化《か》して家人《かじん》とならん。

（前集80）

「食べたい！」という欲望はダイエットを邪魔しますが、食べないダイエットがリバウンドするのは、生きた人間からはどうしたって欲望を消し去ることはできないからです。食欲に限らず、人は欲望とどうつきあえばよいのでしょう。**【わき起こる欲望は外から襲ってくる賊。不満や怨みなどの雑念は心の内側に生じる賊。だが、本当の心がしっかりそこに鎮座していれば、どちらの賊も召使いになってくれるだろう】**。無理に消そうとするのではなく、まずは心に迎えいれる。これで再び侵入される心配もなくなります。それからゆっくり「どうしてそんなに食べたいの？」と優しく尋ねて懐柔すれば、思い通りに働いてくれる召使いになってくれるでしょう。

61

ヒーローの条件。

小処《しょうしょ》にも滲漏《しんろう》せず、
暗中《あんちゅう》にも欺隠《きいん》せず、
末路《まつろ》にも怠荒《たいこう》せず。
纔《わず》かにこれ個の真正《しんせい》の英雄なり。

（前集115）

【小さなことだからとなおざりにせず、人が見ていないからとごまかしたりせず、どん底だからと自暴自棄にならない。こうしたことができてこそ英雄である】。英雄ときいたら、才智や武勇に優れた強い人物を想像します。ところが、この３つの心がけのうち１つでも守れていないようでは、本当の英雄とは言えないようです。ということは、目立たないだけで、英雄は世の中にたくさんいるということです！

62

弱点をないことにしない。

妍《けん》有れば必ず醜《しゅう》有りてこれが対《つい》をなす。我《われ》、妍に誇らずば、誰《たれ》かよく我を醜《しゅう》とせん。潔《けつ》有れば必ず汚《お》有りて之が仇《きゅう》をなす。我、潔《けつ》を好まずば、誰《たれ》かよく我を汚《お》とせん。

（前集135）

【美しいものには醜いものが対になっているから、美しさを誇らなければ醜いと責められることもない。清いものには汚いものが対になっているから、清さだけを好まなければ汚いと責められることもない】。「妍」は心の美しさ、「潔」は心の清さを指しますが、心に限らなくても、美しくて清いだけの完璧なものは存在しません。心の清い美男美女だけが住む街がどこにもないようなものですね。弱さや醜さをないことにして完璧を気取ってもボロが出るだけ。弱さや醜さを認め、受け入れること。すべてはそれからです。

寛容であること、賢くいること。

63

徳は量に随《したが》いて進み、量は識《しき》に由《よ》りて長《ちょう》ず。
故に、その徳を厚くせんと欲せば、
その量を弘くせざるべからず。
その量を弘くせんと欲せば、
その識を大《だい》にせざるべからず。

（前集145）

【優れた人間になるには器を大きくすること。器を大きくするには見識を養うこと】。このように、大事なのは寛容さと賢さです。寛容さとは、むやみに腹を立てず、人のミスを責めない包容力のこと。賢さとは、テストの点数を取る力ではなく、ものごとの本質を見極める力。この2つをコツコツ鍛えていけば、いつのまにか優れた人間になっています。

疑わなくてもよくする。

64

人を信ずる者は、人未《いま》だ必ずしも
尽《ことごと》く誠《まこと》ならざるも、
己《おのれ》はすなわち独り誠《まこと》なり。
人を疑う者は、人未《いま》だ必ずしも
皆は詐《いつわ》らざるも、
己はすなわち先ず詐《いつわ》れり。

（前集160）

【誠実でない相手を信じたとしても、信じたということは少なくとも自分は誠実でいられる。相手を疑ったら、その人が誠実であってもそうでなくても、疑った心は不誠実である】。人を疑うということは、相手のことはもちろん、知らない間に自分の心や魂を傷つけているものです。だからといって無防備になるのもアブナイ！　一体どうすればいいのかしら…としばらく悩みましたが、疑わなくて済む環境を整えるのがいちばんいいと思います！　バッグのファスナーをきちんとしめておけば「あの人に財布をすられるかもしれない」と疑わなくて済むし、日頃から謙虚にふるまっていれば「あの人は私を恨んでいるかも」と疑う心配も減りますからね。

心のバランスのとりかた。

65

故旧《こきゅう》の交《まじわり》に遇《あ》うには、
意気愈〻《いよいよ》新たなるを要す。
隠微《いんび》の事に処するには、
心迹《しんせき》宜しく愈〻《いよいよ》顕《あきら》かなるべし。
衰朽《すいきゅう》の人を待つには、
恩礼《おんれい》当《まさ》に愈〻《いよいよ》隆《さかん》にすべし。

（前集163）

昔からの友達とつきあうのもいいものですが、同窓会でもないのに思い出話ばかりしていると、だんだん居心地が悪くなってくる…なんてことはありませんか？　古い友達と古い話題の取り合わせはold & oldでアンバランス、船の片側ばかりに荷物を積むようなもの。右に積んだら左にも積まないとまっすぐ進みません。古い友達には新しい話題、old & newでちょうどいいのです。頭を使ったら体も動かす、大勢で遊んだら1人の時間を作る等々、いろんなバランスのとりかたがありますね。バランスのいい心はとても健やかです。**【旧友と交わる時は心を新たにする。人目につかない場所で物事に進める時は、心を公明正大にする。どん底の人と接する時は、恩と礼を盛んにする】**。

耐える人、逃げる人。

66

語《ご》に云《い》う、「山に登りては側路《そくろ》に耐え、
雪を踏みては危橋《ききょう》に耐《た》う」と。
一《いっ》の耐《たい》の字、極めて意味有り。
傾険《けいけん》の人情、坎坷《かんか》の世道《せどう》の如《ごと》きも、もし
一《いっ》の耐《たい》の字を得て、撐持《とうじ》し過ぎ去らずば、
幾何《いくばく》か榛莽坑塹《しんぼうこうざん》に堕入《だにゅう》せざらんや。

（前集180）

しんどいからと楽なほうにばかり逃げていると、力がつかないだけでなく、いつまでも自分のことを好きになれません。自分を好きになるには、ずばり「耐」。仕事も勉強も耐えるから達成でき、達成した喜びほど自己肯定感を高めてくれる特効薬もそうそうありません。つまり、耐えるのは誰のためでもない自分のため。だから明らかなブラック企業には耐えなくてOK。「耐」は、悪人や悪事のために発揮する力ではないのです。**【古語に「山に登る時は険しい道に耐え、積雪の中を行く時は危ない橋に耐えて歩きなさい」とある。耐という一字には極めて深い意味がある。険しく危ない人の心、進みづらい世の中も、「耐」を支えにしていれば、藪《やぶ》や草むらに迷ったり、穴や塀の中に落ちないですむ】**。

ちっさいやつのやり口。

67

人の恩を受けては、深しといえども報《ほう》ぜず、
怨《うらみ》みはすなわち浅《あさ》きもまたこれを報ず。
人の悪を聞きては、隠るといえども疑わず。
善はすなわち顕《あら》わるるもまたこれを疑う。
これ、刻《こく》の極《きょく》、薄《はく》の尤《ゆう》なり、
宜《よろ》しく切《せつ》にこれを戒《いまし》むべし。

（前集192）

中国には「小人」という表現があります。読み方は「しょうじん」で、意味はその字の通り「コモノ」とか、ちょっと言葉が悪いですが「ちっさいやつ」とか？　つまり「こういう風にはなりたくない人」の代名詞です。では、小人は一体どのようにちっさいのでしょうか。**【どんな深い恩でも報いようとしないのに、怨みとなるとどんなに浅い怨みでも必ず仕返ししようとする。人の悪い噂はあやふやな情報でも疑わないのに、人のいい評判は事実でも信じようとしない。どれも薄情だということ】**。ほんと〜にちっさいですね！

すてきな歳のとりかた。

68

日すでに暮れて、
しかも猶《な》お烟霞《えんか》絢爛《けんらん》たり。
歳《とし》まさに晩《く》れんとして、
しかも更に橙橘《とうきつ》芳馨《ほうけい》たり。
故に末路《まつろ》晩年《ばんねん》には、
君子は更に宜《よろ》しく精神《せいしん》百倍《ひゃくばい》すべし。

（前集197）

私はかわいいデザインの服が好きですが、歳をとったら似合わなくなっているでしょう。だからといって、「おばさんになったら着られないなんて！」と悲しんだり、「おばあさんになっても絶対に着る！」と今から決めつけるのはとても馬鹿げています。歳をとることにむやみに抗ったり、怖がったりするのもこれと同じことだと思います。それよりも、似合わなくなった〝かわいいデザイン〟はいさぎよく手放して、その時にしか似合わない服を着たほうが、絶対に楽しいし素敵です。**【日が暮れても夕映えは美しく輝く。年が暮れても橙やみかんは一段と芳しい香りを放つ。だから人生も晩年になるほど、精神を百倍にも奮い立たせるべきである】**。

69

倹約と謙譲は本当に美しい？

倹《けん》は美徳なり。
過ぐればすなわち慳吝《けんりん》となり、
鄙嗇《ひしょく》となりて、反《かえ》りて雅道《がどう》を傷《やぶ》る。
譲《じょう》は懿行《いこう》なり。
過ぐればすなわち足恭《すうきょう》となり、
曲謹《きょくきん》となりて、多く機心《きしん》に出《い》ず。

（前集199）

【倹約も度を越すとケチで卑しく、結局は正しい道を損なうことになる。謙譲も度を越すと馬鹿丁寧でかえって卑屈になり、たいてい魂胆があると見なされる】。倹約の心が美しいとされるのは、ものを大切にしたり、ささやかな楽しみを見いだす中で心が磨かれるからでしょう。また、謙譲が懿行《いこう》（立派な行い）とされるのも、相手を尊敬することでやはり心が磨かれるからのはず。心を磨くことを忘れた途端に、倹約も謙譲もなんだかおかしなことになっていくので注意が必要です。

クールな心を。

70

冷眼《れいがん》もて人を観《み》、
冷耳《れいじ》もて語を聴き、
冷情《れいじょう》もて感《かん》に当《あた》り、
冷心《れいしん》にて理《り》を思う。

（前集204）

【冷静な目で人を観察して、冷静な耳で人の言葉を聞いて、冷静な感情で物事を感じて、冷静な心で道理について考えること】。自分の都合のいいように勘違いしたり、我を忘れて怒ってしまったり、「運命の出会い！」と簡単に信じてしまったり…。どれも人間らしい失敗ですが、共通点は〝熱くなりすぎた心〟。冷静でいたらこういう失敗はしないで済むからです。だから、ぜひ心をクールダウンする方法を身につけておきましょう。おすすめは、いつでもどこでもできる深呼吸。「呼吸」という字の通り、息を吐くほうが先。心が鎮まるまでゆっくり繰り返します。

イライラせっかちでいいことなし。

71

性《せい》燥《かわ》き心粗《あら》き者は、
一事《いちじ》も成すこと無し。
心和《やわら》ぎ気平《たい》らかなる者は、
百福《ひゃくふく》自《おの》ずから集まる。

（前集207）

【イライラせっかちで落ち着きのない人は、たった一つのことでさえ成し遂げることができない。心が穏やかで落ち着いている人は多くの幸福が自然と集まってくる】。イライラせっかちでいていいことは一つもありません。ふるまいが雑になってものを壊しやすくなるだけでなく、そばにいる人の心まで窮屈にさせるからです。

72

自分のミス、人のミス。

人を責むるには、
無過《むか》を有過《ゆうか》の中《うち》に原《たず》ぬれば、
すなわち情は平《たい》らかなり。
己を責むるには、
有過を無過の内に求むれば、
すなわち徳は進む。

（前集219）

【人の失敗を責める時は、あえて失敗のない部分を探せば角が立たない。でも自分の場合は逆。失敗がないはずの中から失敗を探し出し、反省することで心が向上する】。もし私がテレビの収録でセリフをミスして落ち込んでいるところに「どんまい！　それにしても日本語がまた上手になったね」なんて優しい言葉をかけれたら、怒られた時よりもかえって深く反省するでしょう。でも、いくら褒めてもらえたからといって、自分で気づいていないだけで細かいミスをしているはずだから、「自分のミスのあら探し」も欠かしません。人のミスと自分のミスは、それぞれ違った責め方があるのです。

73

家の中でも心は磨ける。

趣《おもむき》を得《う》るは多きに在《あ》らず。
盆池《ぼんち》拳石《けんせき》の間にも、煙霞《えんか》は具足《ぐそく》す。
景《けい》に会うは遠きに在らず。
蓬窓《ほうそう》竹屋《ちくおく》の下《もと》にも、風月《ふうげつ》は
自《おの》ずから賒《はる》かなり。

（後集5）

【風流の心を得るのに多くのものを見る必要はない。盆ほどの小さな庭の中も霞たなびく美しい風景は十分にあるから。美しい景色と出会うのに遠くまで出かける必要はない。あばら屋のような住まいにも、さわやかな風や清らかな月の光はやってくるから】。現代風に訳すとこんな感じでしょうか。「やたらとたくさんの服やバッグを買わなくても、お洒落のセンスは磨ける。遠くのパワースポットに行かなくても、家の中を片づけるだけでもスッキリする」。心を磨く方法は特別な場所に行かなくても、家の中にもあったりします。気づこうとするかしないかの違いです。

時間も空間も「心」次第。

74

延促《えんそく》は一念に由《よ》り、寛窄《かんさく》はこれを寸心《すんしん》に係《か》く。故に、機の間《かん》なる者は、一日《いちじつ》も千古《せんこ》より遥かに、意の広き者は、斗室《としつ》も寛《ひろ》きこと両間《りょうかん》の若《ごと》し。

（後集18）

飛行機に乗るのは好きですか？　長〜い時間、狭い場所でじっとしていなくてはならないストレスいっぱいの場所ですが、おもしろい映画が観られたら別ですよね。時間の長さも席の狭さも気にならなくなるし、名作にあたれば飛行機の中で人生観が変わってしまうかもしれません。といいながら、私は「移動している！」と思うだけでワクワクするので、飛行機がまったく苦にならないのですが（笑）。**【時間を長く感じるか短く感じるか、空間を広く感じるか狭く感じるかは心次第。時間がうまく使える人は一日が千年のように充実し、心が広いと狭い部屋が宇宙のように感じる】**。だから、「時間がない」とか「家が狭いから」という理由で何かを我慢したり諦めたりするのは、とてももったいないことかもしれないのです。

75

山奥ではなく現実で鍛える。

出世の道は、
すなわち世を渉《わた》るの中《うち》に在りて、
必ずしも人を絶ちて以て世を逃れず。
了心《りょうしん》の功《こう》は、
すなわち心を尽《つ》くすの内《うち》に在りて、
必ずしも欲を絶ちて以て心《しん》を灰にせず。

（後集40）

誘惑や悩みがつきない毎日なら、いっそのこと「私は心を鍛えるためのジムに通っている」と考えてみてはどうでしょう。夜中のコンビニという誘惑を素通りしながら卑しい心を克服し、仕事の悩みを利用してキャリアを磨き、人間関係のトラブルと向き合って処世術を鍛える。まるで、マシンやプログラムが充実したジムみたいじゃないですか？　**【迷いから抜け出すのに山にこもる必要はない。なぜなら現実の生活の中でできるから。悟りを開くのに必ずしも欲望を絶つ必要はない。なぜなら心を見つめる中で見つかるから】**。

ということは、もしかしたら山奥にこもって修行する仙人たちの中には、「修行って割と楽だな〜」と思っている仙人もいるかもしれません。山奥に誘惑や悩みのタネは少ないですからね…。

心を無にするには。

76

今の人は専《もっぱ》ら念《おも》い無きを求む。
しかれども念《おも》いは終《つい》に無《なみ》すべからず。
ただこれ、前念《ぜんねん》滞らず、後念《ごねん》迎えず、
ただ現在の随縁《ずいえん》を将《もっ》て打発《たはっ》し得去《えさ》らば、
自然にして漸々《ぜんぜん》に無に入らん。

（後集81）

【近頃の人は心を無にすることを求めるが、結局はその境地に至らずに終わる。過去にくよくよせず、未来にびくびくせず、ただ目の前のことにひたすら取り組めば自然と無の境地は得られるのに】。

私の場合は、たとえばテレビの収録中。「なんであの時ミスしたかな」とか「10年後はどんな仕事をしているかな～」なんて雑念が入り込む余地はなく、お腹が空いていることも心配ごともぜーんぶ忘れて、〝自分の役目を果たす！〟という思いしかありません。そう、家で窓やシンクを磨いている最中も〝ピカピカになれ〟という思いだけ。目の前のことに集中するだけで、日常の中で無の境地になれる！　座禅をくんで瞑想するよりきっと簡単です。

77

ラクな道ではなくベストな道を。

白氏《はくし》云う、「身心《しんじん》を放ちて、冥然《めいぜん》として
大造《だいぞう》に任《まか》するに如《し》かず」と。
晁氏《ちょうし》云う、「身心を収めて、凝然《ぎょうねん》として
寂定《じゃくじょう》に帰《き》するに如かず」と。
放たば流れて猖狂《しょうきょう》となり、
収《おさ》むれば枯寂《こじゃく》に入《い》る。
ただ善《よ》く身心《しんじん》を操《あやつ》るもののみ、
欛柄《はへい》手に在り、収放自如《しゅうほうじじょ》たり。

（後集91）

「栄養バランスが大事」と言われる一方で、「食べたいものを食べるのが体にいい」という説もある。どちらが正解かといえば、自分にベストな結果をもたらすほうが正解。ラーメン大好き人間にとっては前者が正解ですが、はじめはしんどいでしょう（笑）。このように、自分にとってラクで都合のいい道が、ベストな結果をもたらす道とは限らないのです。**【白居易は「心身は自由に解き放つのが一番」と言い、晁補之は「心身は抑えるのが一番」と言うが、解き放ちすぎると狂ったような行動になるし、抑えすぎると枯れた状態になる。自分の状態をよく分かっている人ならどちらも使いこなせる】**。ちなみに、白居易も晁補之も中国の高名な文学者。「有名人のオススメを鵜呑みにするな」という教訓も隠れている気がします（笑）。

第四章

コミュニケーションの極意とは

あえて看板を出さない。

78

君子の心事《しんじ》は、天青く日《ひ》白く、
人をして知らざらしむべからず。
君子の才華は、玉《たま》おさめ珠《たま》かくし、
人をして知り易《やす》からしむべからず。

（前集3）

【心は、晴れ渡った空と太陽のように分かりやすくしておくべきだ。才能は、宝石をつつみ隠すように分かりづらくしておくべきだ】。何もかもオープンに見せてくれるけれど、才能だけは見せびらかさない。これぞ優れた人物のあるべき姿だと言っています。そうはいっても、デキると思われたほうが有利なこともある。問題はアピールをするかしないかでしょう。中国のことわざで「酒香不怕巷子深」（良い酒は奥まった路地で売られていても、いい香りで辿りつける）とあるように、本当に才能があれば、評判や佇まいで自然と伝わるもの。派手な看板をたくさん出したレストランより、隠れ家レストランで食べたほうがおいしさや有り難みが増すのと同じで、自分からアピールしないほうがぐっと価値が高まります。

79

「お先にどうぞ」は自分のため。

径路の窄《せま》き処は、
一歩を留《とど》めて人の行くに与え、
滋味の濃《こまや》かなるものは、
三分を減《げん》じて人の嗜《たしな》むに譲る。
これはこれ、世を渉る一《いっ》の極安楽《ごくあんらく》の法なり。

（前集13）

【せまい道では足をとめてでも「お先にどうぞ」。おいしい食べ物は自分の分を減らしてでも「おひとつどうぞ」。これぞ安全で楽ができる方法である】。3・11の震災時はもう東京に住んでいましたが、あの緊迫した非常事態の中でも譲り合いの心を忘れずにいられる日本人の姿を目の当たりにしました。だから、譲り合う心がもたらすメリットは日本のみなさんがいちばん分かっているかもしれませんが…。そんな日本のみなさんに贈りたい中国のことわざがあります。「退一歩海闊天空」（一歩うしろに下がって見ると景色が広くなる）。つまり、「お先にどうぞ」と譲れるその寛容さが、日本人の心のレベルを上げているのです。ただし…、〝レディファースト〟に関してだけはちょっと足りないように感じています（笑）。

人への期待はせめて90点。

80

世に処《お》るには、
一歩を譲るを高しとなす。
歩を退くるは、
すなわち歩を進むるの張本《ちょうほん》なり。
人を待つには、
一分《いちぶん》を寛《ひろ》くするはこれ福《さいわい》なり。
人を利するは、
実に己《おのれ》を利するの根基《こんき》なり。

（前集17）

どんなに期待をかけている相手でも、100点満点を求めるということは、逃げ場を塞いでしまうことと同じです。そんな緊迫感の中で100%の力を発揮できるのは、メジャーリーガー並みに強いメンタルの持ち主のみ。大多数の人はプレッシャーが苦手である、と考えましょう。期待をかける時は、「ミスしない人間などいない」「調子の悪い時もあるし」などの余裕をもたせて、せめて〝90点〟くらいにおさえる寛容さを。それでももし100点がとれたら喜びもアップ、お互いハッピーです。**【世渡りをする時は一歩をゆずる姿勢で。それがのちのち一歩を進める伏線となる。人とつきあう時は、完璧を求めず寛大に。それがのちのち自分のためになる】**。

「おかげさまで」を忘れない。

81

完名《かんめい》美節《びせつ》は、宜《よろ》しく独りにては
任ずべからず。些《わずか》を分《わか》ちて人に与うれば、
以て害を遠ざけ身を全《まった》くすべし。
辱行《じょくこう》汚名《おめい》は、宜しく全く推すべからず。
些を引きて己《おのれ》に帰せば、
以て光を韜《つつ》み徳を養うべし。

（前集19）

テレビの画面にはタレントしか映りませんが、現場にはカメラマンさん、照明さん、音声さん、ヘアメイクさん、プロデューサーさん、ディレクターさん…と、ここに書ききれないほど（ごめんなさい！）大勢の方のチームワークで成り立っています。そこを忘れて「私すごい！　私の手柄！」と勘違いした瞬間、キャリアも成長もストップするでしょう。テレビの仕事に限らず、「自分だけの手柄」というものは存在しません。人の間に生きる以上、すべて「みなさんのおかげ」。謙虚でいていすぎることはありません。**【いくら自分の功績や名声でも一人じめにしない。手柄をシェアする精神がトラブルを遠ざける。いくら人の失敗や汚名でも責任を押し付けてはいけない。責任を少しでも引き受けようとする姿勢が人格を磨く】**。

82

厳しさは火加減のごとく。

人の悪を攻むるときは、
はなはだ厳《げん》なることなく、
その受くるに堪えんことを思うを要す。
人を教うるに善を以てするときは、
高きに過ぐることなく、
当《まさ》にそれをして従うべからしむべし。

（前集23）

【悪い部分を責める時は、厳しくしすぎず相手の器に合わせる。教える時も目標を高く置きすぎず、やはり器に合わせる】。ただ単に人に厳しくするのはじつは簡単なこと。なぜなら、鍋の中身を確認せずにコンロの火を〝強〟にするのと同じだからです。問題はそのあと。中身がハンバーグなら火が通る前に黒こげになってしまうように、心が折れやすい相手に厳しくしすぎると、反省させるどころかとりかえしのつかない事態になるかもしれません。料理によってふさわしい火力が異なるように、人に合わせて厳しさも調節しましょう。さらに付け加えるなら、ぜひ〝余熱調理〟を。「もっと言ってやりたいけど…」くらいのところでぐっと我慢して、相手が自分の力で考える余裕を残してあげる。これでお互いが成長できます。

83

本当の「礼」を尽くす。

小人《しょうじん》を待つに、厳しきを難《かた》しとせざるも、悪《にく》まざるを難しとす。君子を待つに、恭《うやうや》しきを難しとせざるも、礼有るを難しとす。

（前集36）

【小人物に厳しくあたるのは簡単だが、憎まずにいるのは難しい。立派な人に礼儀正しくするのは簡単だが、本当の意味での礼は難しい】。「礼有るを難しとす」とあるように、「礼」とは節度がとても難しいもの。慇懃《いんぎん》無礼《ぶれい》という四字熟語があるくらいですから、多くの人が間違えたりやりすぎたりしているのでしょう。本当の礼とは、礼儀正しくありながら、あくまで堂々としているものであるはず。現代風に訳すとこんな感じでしょうか。「部下にあたるのも社長に礼儀正しくするのも、どちらもたやすくて誰にでもできる。デキる男は出来の悪い部下にも愛情を持ち、社長を前にしても堂々としている」。君子とはこのように、とてもかっこいいのです♥

おたがいさま。

84

我、人に功《こう》有るも、念《おも》うべからず。
しかるに、
過《あやま》たばすなわち念《おも》わざるべからず。
人、我に恩有らば、忘るべからず。
しかるに、
怨《うら》みはすなわち忘れざるべからず。

（前集52）

【自分がした親切は忘れること。でも自分がかけた迷惑は忘れてはいけない。受けた恩は忘れないこと。でも怨みは忘れなくてはいけない】。何かをしてあげたりしてもらったり、迷惑をかけたりかけられたり。人間関係はこのくり返しの中で絆が深まっていきます。日本語では「おたがいさま」というのですよね。ところが往々にして、人から受けた恩や自分のかけた迷惑に関してはケロッと忘れてしまう。私もかなり忘れっぽいので、気をつけなければと思い返してみたところ、「受けた恩」と「かけた迷惑」をたくさん思い出すことができました。みなさんもぜひ思い出してみてください。その分、してあげた親切や恨みはさっぱり忘れてしまいましょう。恩着せがましいのも恨みがましいのも、品格を落とします。

包容力の恩恵。

85

地の穢《けが》れたるは、多く物を生じ、
水の清《す》めるは、常に魚《うお》無し。
故に君子は、
まさに垢《こう》を含み汚《お》を納《い》るるの量を在すべく、
潔《けっ》を好み独り行うの操《そう》を持《じ》すべからず。

（前集77）

【きたない土ではたくさんの作物が育ち、澄みすぎた水に魚は住みつかない。きたなく見えるものを受け入れる度量を持つべきで、潔癖がすぎて人を寄せつけないようではまだまだだ】。「きたない土」は不潔な土という意味ではなく、〝いろんなものを含んで見た目はよくないけれど肥沃な土〟というニュアンスです。〝魚のエサになるプランクトンもいないほど澄んだ水〟の反対ですね。日本でも主流になってきたダイバーシティ・マネジメントにも通じます。ダイバーシティ（多様性）の恩恵はいろいろありますが、その一つが、さまざまな人材がいることでさまざまなアイデアが生まれ、アウトプットが豊かになること。そして、この「きたない土」の恩恵を得るには、さまざまな個性を受け止められる包容力が必要とされます。

86

家族という人間関係。

家人《かじん》に過《あやまち》あらば、宜《よろ》しく暴怒《ぼうど》すべからず、宜しく軽棄《けいき》すべからず。この事、言い難《がた》くば、他の事を借りて隠《いん》にこれを諷《いさ》め、今日《こんにち》悟らざれば、来日《らいじつ》を俟《ま》ちて再びこれを警《いまし》めよ。春風《しゅんぷう》の凍《こお》れるを解《と》くが如《ごと》く、和気《わき》の氷を消すが如く、纔《わず》かにこれ家庭の型範《けいはん》なり。

（前集97）

【家族にはみだりに激しく怒らず、だからといって放っておいてもいけない。言いにくければ遠回しに、分かってもらえなければ日を改めて何度でも。春の風が凍てついた大地を溶かすように、和やかな気候が氷を溶かすように。これこそ家庭の模範である】。家族は、もっとも身近で、もっとも特別な人間関係です。甘えや慣れのせいでついつい遠慮がなくなりがちですが、一度仲が悪くなってしまうと、外の人間関係より激しくこじれてしまうことがあります。だから本当は、他のどこにいる時よりも温かい心で接しないといけません。そして、このように家族を大切にする中で培われた思いやりや辛抱強さはホンモノ！　職場や社会でも生かされるはずです。

87

3つのマナー。

人の小過《しょうか》を責めず、
人の陰私《いんし》を発《あば》かず、
人の旧悪を念《おも》わず。
三者《さんしゃ》は、以て徳を養うべく、
また以て害を遠ざくべし。

（前集106）

【ささいな過失を責め立てず、隠し事を暴き立てず、過去の失敗をいつまでも覚えていない。人に対してこの3つの心がけができれば、自分の徳を養えるだけでなく、災いを遠ざけられる】。ミスを許してあげること、プライベートを尊重してあげること、古傷に触れないでいてあげること。どれも、人に対する基本的なマナーであり、そして思いやりです。生きていれば誰だって失敗くらいするし、隠しておきたいことの1つや2つはあるもの。それをチクチク責めるような心根で深い人間関係は築けません。

親友の忠告は効き目抜群。

88

父兄骨肉《ふけいこつにく》の変に処《お》りては、宜《よろ》しく
従容《しょうよう》たるべく、宜しく激烈《げきれつ》なるべからず。
朋友交遊《ほうゆうこうゆう》の失《しつ》に遇《あ》いては、宜しく
剴切《がいせつ》なるべく、宜しく優游《ゆうゆう》たるべからず。

（前集114）

家族に対しては感情が高ぶって、ついつい言い過ぎたりやり過ぎたりしてしまうもの。ところが相手が友達になると、相手のメンツやその後のつきあいを気にして言うべきことも言えずにずるずるしがち。でも私なら、太った時は「太ったよ」と言ってほしい。しかも、太りすぎないうちになるべく早めに！(笑)　少しは傷つくかもしれませんが、友達に言ってもらえたら「よっぽどなんだな…」と素直に反省できるし、感謝のほうが勝ります。**【身内の者が災難に遭ったらなるべくゆったりと落ち着き、決して感情を高ぶらせてはいけない。親しい仲間が失敗したら適切な忠告をして、ぐずぐずと見逃してはいけない】**。

89

できる人は愚かにもなれる。

巧《こう》を拙《せつ》に蔵《かく》し、
晦《かい》を用《もっ》て明《めい》とし、
清《せい》を濁《だく》に寓《ぐう》し、
屈《くつ》を以て伸《しん》となす。
真《まこと》に世を渉《わた》るの一壺《いっこ》にして、
身を蔵《かく》すの三窟《さんくつ》なり。

（前集117）

「槍打出頭鳥」（頭を出した鳥は撃たれる）ということわざはP33でも紹介しました。「出る杭は打たれる」と似ているのですが、もう少し激しい意味かもしれません。「優秀な人材は出世を妨げる脅威になるので、目の敵《かたき》にされて叩き潰される」というようなニュアンスです。いくら優秀であっても叩き潰されてしまっては何も成し遂げられません。そうならないためなら、あえて愚かに見せるほうがよっぽどスマートです。**【才能を隠すために拙く振る舞い、知識を隠すために愚かに見せる。清さを隠すために俗に振る舞い、そして身を伸ばすために身を屈める。このような身の処し方は世間の荒波をわたるための浮き袋、そして安全な隠れ家にもなる】**。

90

人の欠点の直しかた。

人の短処《たんしょ》は、曲に弥縫《びほう》をなすを要す。
もし暴きてこれを揚《あ》ぐれば、
これ短《たん》を以て短を攻むるなり。
人の頑《がん》あるものは、善《よ》く化誨《かかい》をなすを要す。
もし忿《いか》りてこれを嫉《にく》まば、
これ頑を以て頑を済《たす》くるなり。

（前集122）

【人の短所は細やかな心でフォローするべき。短所をあげつらってどうにかしようとしても、それは短所で短所を直そうとしているようなもの。また、人の意固地さは徐々に教えさとすべき。怒って憎々しく思ったら、その頑固さのせいで頑固さが余計につのるばかり】。

子どもが子どもをしつけたりお説教したりできないように、稚拙な感情をぶつけているうちは何も変わらないどころか、事態が悪化するばかり。欠点で欠点を治そうとしているのと同じだからです。短所には丁寧に、頑固さには根気よく。欠点には長所をぶつけます。

91

沈黙の効果。

人の詐《いつわり》を覚《さと》るも、言に形《あら》わさず。
人の侮《あなどり》を受くるも、色を動かさず。
この中《うち》に無《む》窮《きゅう》の意味有り、
また無《む》窮《きゅう》の受用有り。

（前集127）

【人が自分を騙そうとしていることに気づいても、何も言わない。人が自分を馬鹿にしていることに気づいても、顔色を変えない。その態度には言い尽くせない意味とはたらきがある】。馬鹿にしたり騙そうとしていた相手は、眉一つ動かさずに平然としている姿を見て一体どう感じるのでしょうね。「あれ？」と拍子抜けするのか、「しめしめ」と油断するのか、あるいは「もしかしてものすごい力を隠し持っているのでは…」と怖れるかも。へたに反応して刺激したり調子にのらせるくらいなら、いっそのこと沈黙を！

おいしいものはシェアが難しい。

92

まさに人と過《わざわい》を同じくすべく、
まさに人と功《こう》を同じくすべからず。
功を同じくすれば、すなわち相忌《あいい》まん。
人と患難《かんなん》を共《とも》にすべく、
人と安楽を共にすべからず。
安楽、共にせば、すなわち相仇《あいあだ》せん。

（前集142）

【失敗の責任は人とシェアできるけど、成功の功績をシェアすると互いを遠ざける心が生ずる。苦労は人とシェアできるけど、楽しいことをシェアすると憎しみ合う心が生ずる】。「同じ釜の飯を食う」とある通り、体験や心のシェアは仲間の絆を深めます。ところが、釜のごはんがおいしい場合は、シェアが憎み合いの原因になると言っています。「そんな馬鹿な！」と思いましたが、言われてみれば…。成功後に仲間割れするミュージシャンも、遺産相続で骨肉の争いを繰り広げるお金持ちも、つまりは〝おいしいもの〟をうまくシェアできなかったということですから。もしも失いたくない大切な仲間と一緒に成功をおさめたら、おいしいところを全部譲るくらいの気持ちでいてちょうどいいのかもしれません。

93

言葉で人を助けるということ。

士君子《しくんし》は貧《ひん》なれば、
物を済《すく》うこと能《あた》わざる者なり。
人の痴迷《ちめい》の処《ところ》に遇《あ》わば、
一言《いちげん》を出《いだ》してこれを提醒《ていせい》し、
人の急難の処に遇わば、
一言を出《いだ》してこれを解救《かいきゅう》す。
またこれ無量の功徳《くどく》なり。

（前集143）

友達や家族が困っていたら力になりたいもの。ところがこの不景気ですから、大事な人を助けられるだけのお金やモノを持っているとは限りません。でも大丈夫、何もなくても言葉があります。**【立派な人は、物やお金で援助できないとしても、言葉で人助けができる】**。言葉とは的確なアドバイス。アドバイスができなくても、心からの心配や励ましを伝えることなら誰にでもできます。しかも、心のこもった言葉はお金やモノと違い、使ってもなくなりません。

じれったがらない。

94

事《こと》、これを急にするも白《あき》らかならざる者有り、
これを寛《ひろ》くせば、あるいは自《おの》ずから
明らかならん。
躁《さわ》ぎ急ぎて以てその忿《いかり》を速《まね》くことなかれ。
人、これを操《と》るも従わざる者有り、
これを縦《はな》たば、あるいは自ずから化《か》せん。
操《と》ること切《せつ》にして
以てその頑《がん》を益《ま》すことなかれ。

（前集153）

【急き立ててもはっきりしないことが、ゆったり構えれば自然と明らかになったりする。だからあわただしく急き立てて怒りを招いてはいけない。思ったように従ってくれない時も、自由にさせていれば自然に成長したりする。だから無理に従わせようとして頑なにさせてはいけない】。からまりかけの糸を急いでほどこうとすると、かえってきつくからまってしまいますが、人の心も同じようなもの。しかも、ついて回ってあれこれ指示するのは、相手が赤ちゃんでもないかぎり〝あなたを信頼していません〟と言っているのと同じ。「うるさい！」と意固地になるか「楽だな〜」と怠けるかのどちらかで、どちらも相手の自主性や成長を損ないます。でも、じれったい気持ちをおさえてどっしり見守れば、お互いが成長できます。

95

親切はあとだしに。

恩は宜《よろ》しく淡《たん》自《よ》りして濃《のう》なるべし。
濃を先にし淡を後《あと》にするは、
人はその恵《めぐみ》を忘る。
威《い》は宜しく厳《げん》自《よ》りして寛《かん》なるべし。
寛を先にし厳を後にするは、
人はその酷《こく》を怨《うら》む。

（前集168）

【はじめはあっさりした態度で、手厚くするのは後からに。はじめは厳しくして、ゆるやかにするのも後からに。その順番を逆にすると、よくしたことは忘れられ、冷酷に思われる】。たとえば新しい友達とお茶をするなら、1回目は割り勘がいい。「ここは私が」と奢ると2回目以降も期待され、そこで割り勘にすると「今日はケチだな…」という空気が流れる可能性があるからです。もちろんよくないのはそんな風に思う相手ですが、最初によくしたばかりに印象が悪くなるなんてとても不本意！「優しい先輩だと思っていたのに」とか「結婚したら何もしなくなった」なども、きっと順番を間違えたのでしょう（笑）。また、こんな読み方もできます。「ずっと続けられない親切なら、しないほうがかえって親切だ」。

96

本当にイヤな人には…。

欺詐《きさ》の人に遇《あ》わば、
誠心《せいしん》を以てこれを感動せしめ、
暴戻《ぼうれい》の人に遇わば、
和気《わき》を以てこれを薫蒸《くんじょう》せしめ、
傾邪私曲《けいじゃしきょく》の人に遇わば、
名義気節《めいぎきせつ》を以てこれを激礪《げきれい》せしむ。
天下は、我が陶冶《とうや》の中《うち》に入らざる無し。

（前集177）

世の中には信じられないほどイヤな人もいるものです。かかわらずに済むならそれに越したことはないけれど、同僚だったり、チームメイトだったり、ましてや上司だったりしたらどうしたらよいのでしょう。**【口ばかりうまい喰わせものは、真心で感動させること。荒くれた乱暴者は、温厚な思いで善に導くこと。心がよこしまな小人物は、正義の心で励まし導くこと。そうすれば、教化できない者などない】**。また、こういう可能性もあります。「これまで本当の真心というものに触れたことがなかったせいで、こんなにイヤなやつになってしまったのかも」。そんな大きな心で接してみるといいかもしれません。

97

人の欠点に寛容になるコツ。

身を持《たも》つに、
はなはだしくは皎潔《こうけつ》なるべからず。
一切の汚辱垢穢《おじょくこうあい》も、茹納《じょのう》し得んことを要す。
人に与《くみ》するに、
はなはだしくは分明《ぶんめい》なるべからず。
一切の善悪賢愚《ぜんあくけんぐ》も、包容し得んことを要す。

（前集186）

アイデア豊富だけどうっかりしている人、センスはあるけど飽きっぽい人、腕はあるけどルーズな人。どんな優れた人にもかならず困ったところがあるものですが、こう考えてみたらどうでしょうか？「困ったところがあるけど優れた人」。短所ではなく、長所にフォーカスし、敬意を持つのです。そうすれば、「困ったところはフォローすれば済むか」と寛容になれるし、そうやって気持ちよく長所を発揮してもらったほうが、結果も断然上！【世渡りは潔癖すぎてはいけない。汚れや穢《けが》れも受け入れよう。チームの中では白黒割り切りすぎてはいけない。善も悪も賢も愚もあわせ呑もう】。

ウワサレベル。

98

悪を聞きては、就《そのまま》には悪《にく》むべからず。
恐らくは讒夫《ざんぷ》の怒りを
洩《も》らすことをせるならん。
善を聞きては、急には親しむべからず。
恐らくは奸人《かんじん》の身を
進むるを引くならん。

（前集206）

日本で暮らしていて悲しくなるのが、日本人と中国人がウワサレベルの情報で誤解しあっていること。中国に住む友達のひとりは「日本人のおじぎはすべて上っ面」と思い込んでいますが、いろんなおじぎを見てきた結果、半々くらいでした（笑）。その友達には、「心のこもったおじぎをたくさん見たよ」と伝えましたが、それは真実です。**【悪い噂を聞いても急に憎んではいけない。誰かが鬱憤をはらすために流した嘘かもしれないから。善い噂を聞いても急に仲良くしてはいけない。出世のために自分で流した嘘かもしれないから】**。噂を利用して人を動揺させる戦術は大昔からあったようですが、なぜ噂を鵜呑みにしてはいけないかというと、悪い計画に利用されるからです。悪い計画の最たるものは、差別や戦争でしょう。

包容力はあればあっただけよいか？

99

人を用うるには、宜《よろ》しく刻《こく》なるべからず。刻ならば、すなわち効《こう》を思う者も去らん。友に交わるには、宜しく濫《らん》なるべからず。濫ならば、すなわち諛《ゆ》を貢《こう》する者も来たらん。

（前集208）

【人を使う時は厳しくしすぎてはならない。骨を折り尽くそうとしていた者まで去ってしまう。友とつきあう時は見境なく誰とでもつきあおうとしてはならない。こびへつらう者までやってくる】。「刻なる」は「厳しい」という意味ですが、親が子どもに与えるような包容力のある厳しさではなく、「冷酷」「辛辣」というニュアンスです。真剣勝負の場は厳しくて当然ですが、厳しくても慕われる人は、厳しい中にかならず包容力があるのです。だからといって包容力をみだりに発揮しすぎると、つまらない人までやってくる。包容力はありすぎても人との距離感をおかしくするようです。

自分のために生きる。

100

人生は原《もと》これ一《いつ》の傀儡《かいらい》なり。
ただ、根蒂《こんてい》の手に在るを要するのみ。
一線も乱れず、巻舒《かんじょ》自由ならば、
行止《こうし》我に在り。
一毫《いちごう》も他人の提掇《ていてつ》を受けずば、
すなわちこの場中《じょうちゅう》を超出《ちょうしゅつ》せん。

（後集127）

【人間は運命に翻弄されるあやつり人形のようなものだが、糸の根元だけは自分で握ること。整然とあやつり、巻いたりのばしたりができれば、動くのも止まるのも自分次第。糸を他人に触らせなければ、他人のための芝居からも抜け出せる】。一生懸命努力してきたことが、じつは親の夢のため、あるいは社会の枠組みのためだった…。これは人間関係の中で生きているかぎり、誰にでも起こりうることです。でも「あやつり糸」を自分の手に取り戻せば万事ＯＫ！自分の人生がそこからちゃんと始まります。

特別付録　オオモノかコモノかチェックしてみよう

君子・小人テスト

（君子編）あなたの君子度はどれくらい？

君子　くんし　「君子」とは立派で好ましい人物のことで、中国では「こういう人物でありたい」という理想像の代名詞に使われます。日本語でいうところの「オオモノ」、また「紳士」や「武士」の使われ方に近いかもしれません。

□ここぞという大事な場面で肩の力を抜ける。
□長く使えるシンプルなデザインが好き。
□仕事がうまくいっていても天狗にならない。
□理性を過信せず、どんな時でも慎重さを忘れずにいられる。
□どんな時も「お先にどうぞ」と譲れる。
□たとえお金がなくても、身だしなみと整理整頓を欠かさない。
□日常の出来事やハプニングを活用して心を磨くことができる。
□お金で買えない幸せがどんなものかをよく知っている。

□人の役に立っている実感がある。
□試練がきてもむやみにおびえず、「よし来たな！」と思える。
□人が見ていないところでもごまかさない。
□歳をとることが別にこわくない。
□1の失敗から10を学ぶことができる。
□出来の悪い部下にも愛情を持てる。
□厳しくしてもちゃんと慕われる。
□大きな目的を達成するためであれば愚かなふりができる。
□家族に対しても温かい心で接する。
□手柄に執着せず、大切な仲間になら手柄を譲ることができる。
□ラクな道よりベストな道を選ぶことができる。
□地位や権力が一時的なものだと知っている。

0～7個

悪い人ではないけれど、品も徳も圧倒的に足りません。菜根譚をしっかり読んで、今一度、君子について理解してみましょう。

8～15個

イイヒトなのに、いまひとつオオモノになりきれないあなた。執着やこだわりを少し減らしてみると、品格がアップするはずです。

16個以上

その堂々とした風格たるや、まさに歩く君子。あなたがふりまく徳パワーで、まわりにいるみんなも生きる勇気が湧いています。

（小人編）あなたの小人度はどれくらい？

小人　しょうじん　小人とは「とるに足らないつまらない人物」という意味で、日本語で言うなら「コモノ」あるいは「ちっさいやつ」にあたります。おもしろいのが、世間的に地位の高い人物や大の大人の中にも「小人」がいることです。

□部下や後輩がミスをしたら人前で叱る。
□SNSの投稿に対して思ったよりも反応が少ないと落ち込む。
□ねたみ・うらみを受けやすい。
□仲間の欠点を許せない時がある。
□セレブな暮らしを手に入れるのが人生の目標。
□キャリアが好調な時には、いい未来のことしか想像できない。
□功績や手柄を人に譲るなんてありえない。
□人に親切をして感謝されないと腹が立ったり怨みに感じる。
□「みなさまのおかげです」はただのあいさつであり、本心からそう思って口に出したことはない。
□特定のライバルをつねに意識している。
□過ぎたことを「なんであの時…」とよく悔やんでいる。
□才能や力はできるだけアピールしたほうが物事は有利に進むと思う。

□1つの失敗からなかなか立ち直れない。
□偉い人の前にいると、気分や思考が卑屈になる。
□相手が自分より格下だと思うと、気分や思考が威圧的になる。
□自暴自棄になりやすい。
□お金さえあったら今抱えている悩みはなくなるはずだと思う。
□目の前の課題を放り出し、とらぬ狸の皮算用をよくしてしまう。
□自分はいつも運が悪いと思っている。
□ベストな道よりラクな道を選んでしまう。

0〜7個

足りないのは実力ではなく謙虚な心。意識すればかならず身につく力なので、まずはお世話になった人々を思い出しましょう。

8〜15個

きっと人生の難しさに悩み始めているはず。でも不幸の原因はいつでも「自分」にあります。そこに気づけばいつでも巻き返します。

16個以上

すでに「ちっさいやつ」と思われている可能性大。でも、菜根譚を読んで自分の生き方を素直に反省できれば、絶対に間に合います。

段 文凝《だん ぶんぎょう》

日本で活躍する日本人タレント。早稲田大学国際部中国語コーディネーター。2009年5月来日。同年まで天津テレビ局に所属し、アナウンサーとして多数のTV番組に出演。2011年4月よりNHK Eテレ「テレビで中国語」にレギュラー出演。番組への出演を機に、多くの中国語教材のナレーション出演をこなし、その活動をラジオ・映画などにも広げている。2014年早稲田大学大学院政治学研究科ジャーナリズムコース卒業。日中間を行き来し講演活動を行い、「かわいすぎる中国語講師」として幅広い層に人気を得ている。

「菜根譚」が教えてくれた
一度きりの人生をまっとうするコツ100

2015年4月23日　第1刷発行

著者　段 文凝
発行者　石﨑 孟
発行所　株式会社マガジンハウス
〒104-8003 東京都中央区銀座3-13-10
書籍編集部 ☎03-3545-7030
受注センター ☎049-275-1811
イラスト　Noritake
ブックデザイン　鈴木成一デザイン室
印刷・製本所　株式会社光邦

©2015 Wenning Duan, Printed in Japan
ISBN978-4-8387-2743-8 C0095
乱丁本・落丁本は購入書店明記のうえ、小社制作管理部宛にお送りください。送料小社負担にてお取り替えいたします。但し、古書店等で購入されたものについてはお取り替えできません。定価はカバーと帯に表示してあります。
本書の無断複製（コピー、スキャン、デジタル化等）は禁じられています（但し、著作権法上での例外は除く）。断わりなくスキャンやデジタル化することは著作権法違反に問われる可能性があります。
マガジンハウスホームページ http://magazineworld.jp/